Coachingbook Novelwriting

Wie Du Dein Buchprojekt durchziehen kannst,

zu Deinen Bedingungen!

„I love real women that don't have to be saints, who can be selfish and act out against their parents or like the wrong guy, because that's life. That's my life, at least."

Julie Plec

„Masterpieces are not single and solitary births; they are the outcome of many years of thinking in common, of thinking by the body of the people, so that the experience of the mass is behind the single voice."

Virginia Woolf

"Am Anfang, als ich frisch in New York war und immer pleite, hab ich mir öfter mal die VOGUE gekauft statt Essen. Ich hatte das Gefühl, sie ernährt mich besser."

Carrie Bradshaw

Für meine fleißigen Workshop-Mädels
Jenny, Stefanie, Diana, Jojo und Anna-Sabina.

Torsten Ideus

Coachingbook Novelwriting

Wie Du Dein Buchprojekt durchziehen kannst,

zu Deinen Bedingungen!

Auch wenn dieser Ratgeber größtenteils in einer
realen Kulisse angesiedelt ist, sind die Handlung
und die Personen frei erfunden. Ähnlichkeiten
mit lebenden Personen und Organisationen wären
rein zufällig und nicht beabsichtigt.

Bibliografische Information der Deutschen Nationalbibliothek: Die Deutsche Nationalbibliothek verzeichnet diese Publikation in der Deutschen Nationalbibliografie; detaillierte bibliografische Daten sind im Internet über http://dnb.dnb.de abrufbar.

Herstellung und Verlag: BoD – Books on Demand, Norderstedt

ISBN: 978-3-750452-10-7

Vorwort

Dieses Coachingbuch richtet sich an diejenigen, die vor haben, ein Buch zu schreiben und/oder bereits eines oder mehrere geschrieben haben, aber ihr Handwerk auf ein höheres Level heben wollen.

Ich habe mein Bestes gegeben, es flüssig und leicht zu gestalten. Du brauchst keine Vorerfahrung und kannst direkt loslegen.

Die meiste Zeit gehe ich vom Prinzip der Heldenreise aus, wobei auch andere Möglichkeiten in Betracht gezogen werden.

Mein Ansatz ist ein Ganzheitlicher: Ich gebe Dir die Tools an die Hand, mit denen Du Deine Idee nicht nur auf Papier bringst, sondern auch, wie Du sie vermarkten kannst.

Drei verschiedene Charaktere führen dich durchs Buch: **Vadim** ist der kreative Kopf dieses Trios. Er wird dich motivieren und inspirieren.

Roark ist der Brain und kann Dir einiges an Fachwissen bieten. Und last but not least ist **Siobhan** dafür zuständig, Deinen Fokus und Deine Disziplin nicht aus den Augen zu verlieren. Sie kann auch gerne mal streng sein, aber sie hat das Herz am

Rechten Fleck.

Falls Du wissen willst, wie Du ein Exposé für einen Verlag schreibst, wirst Du mit diesem Ratgeber nichts anfangen können, weil ich davon ausgehe, dass Du als Autor ins Self-publishing gehst.

Dieses Buch ist für die Lesbarkeit nicht gegendert – ich gehe von Dir als „der Autor" aus, allerdings möge die Community mir verzeihen, dass ich diesen traditionell männlichen Begriff benutzt habe. Ihr wisst, dass ich auf Eurer Seite bin. ;-)

Ich wünsche Dir viel Spaß beim Lesen und viel Erfolg für Dein Buch!

Torsten Ideus

Inhaltsverzeichnis:

10. Glaube an Dein Ziel!

10.1. Lass Dir von Bewohnern nichts einreden!

10.2. Disziplin oder das Tschakka-Prinzip!

10.3. Wie wir uns dem Ende nähern...

11. Verwirkliche Deinen Traum!

11.1. Jetzt geht's erst richtig los!

11.2. Hast Du noch andere Träume?

11.3. Wie geil es ist, ein Buch geschrieben zu haben...

12. Genieße Deinen Erfolg!

1. Verliere Deine Ängste!

1.1. Was ist Dein Problem?

Häufig, wenn ich auf neue Leute in meinem Leben treffe oder die Beziehungen zu Bekannten vertiefe, kommt irgendwann dieses Thema auf:

„Ich würde ja auch gern mal ein Buch schreiben."

Gerne sogar mit dem Zusatz: „Ich hab auch schon eine Idee!" Doch dabei bleibt es meistens. Entweder wird das Thema nie wieder angesprochen oder der Ausreden-Katalog wird angeschmissen: „Kann nicht, keine Zeit, keine Muse, keinen Plan."

Ich behaupte, das sind alles vorgeschobene Gründe. Worum es eigentlich geht, ist Angst. Und diese ist sehr vielschichtig und komplex.

→ Angst davor, zu scheitern.

→ Angst davor, sich zu übernehmen.

→ Angst davor, was andere dazu sagen könnten.

→ Angst davor, über sich selbst hinauswachsen zu müssen.

→ Angst davor, nicht zu scheitern.

Allein das Prinzip des Scheiterns saugen wir bereits mit der Muttermilch ein. Ein frühkindlicher Prozess, der gerne durch die Sorgen unserer Eltern potenziert wird: „Lass das lieber. Das wird sowieso nichts!" Wer kennt nicht den Klassiker: „Damit kannst Du doch kein Geld verdienen!" Oder dieser nette Kalauer: „Wenn Du Künstler werden willst, kannst Du auch gleich Hartz 4 anmelden."

So wird einem schon in jungen Jahren, wo alle Türen noch offen stehen sollten, die Scharniere eingefroren und die Rahmen zugemauert und betoniert. „Du bist nichts. Du kannst nichts und wirst es auch nie zu etwas bringen."
Die Förderung von Kindern und Erwachsenen muss anders aussehen. Die Ermutigung, kreativ zu werden, neue Wege auszuprobieren, wird uns spätestens in der Schule abtrainiert. „Das machen wir schon seit hundert Jahren so und machen wir auch weiter so." Enthusiasmus und Engagement direkt im Keim erstickt.

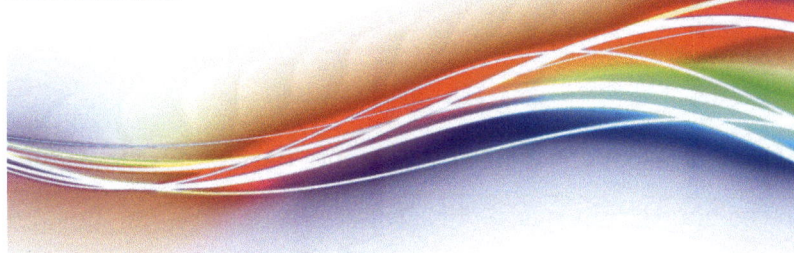

Vielleicht geht es Euch wie mir – und ihr habt auch keinen Bock mehr auf diesen Bullshit!

Dieses antiquierte Denken von Menschen, die ihr Leben hassen, weil sie selbst keinen Beitrag für ihre Umwelt leisten konnten – wir müssen uns diese Schuhe nicht anziehen! Wir brauchen dringend andere Vorbilder, die uns ermutigen, wieder Ziele und Träume zu haben und müssen wieder lernen, diese für uns selbst zuzulassen.

Das dürfen auch gerne Ziele sein, von denen wir anfangs keine Ahnung haben, wie wir die umsetzen sollen. Wichtig ist nur, sie nicht aus den Augen zu verlieren. Und Menschen im Umfeld zu finden, die uns inspirieren und motivieren. Die uns aufzeigen, dass die Welt nicht grau und langweilig ist.
Bring die bunten Farben zurück in Dein Leben! Lerne dich selbst von einer neuen Seite kennen und vernichte die Stimmen in Deinem Kopf, die Dich ausbremsen und unnötige Zweifel sähen.

Ich weiß selbst aus eigener Erfahrung, dass dieses Umdenken nicht über Nacht geschieht. Deinen Synapsen einen positive Grundstimmung zu geben, wo sie vielleicht über Jahre und

Jahrzehnte auf Negativität gepolt waren, braucht seine Zeit. Man darf aber nicht unterschätzen, welch heilsam reinigende Wirkung das Schreiben haben kann!

Deswegen auch dieser leicht selbst-therapeutische Ansatz dieses Buches. Ich will versuchen, Dir mit diesem Buch Wege aufzuzeigen, wie Du mit Texten Deine falsch justierten Gedankenzüge wieder mit frischer positiver Energie beleben kannst.

Du wirst die verschiedenen Tools kennenlernen, wie Du einen Text so gestaltest, dass Du den potentiellen Leser damit erfreuen kannst.

Ich gebe Dir inspirierendes Recherche-Material an die Hand, die Dir neue Möglichkeiten aufzeigen kann. Übrigens ist es nicht notwendig, direkt mit einem ganzen Buch anzufangen. Du kannst Dich an Kurzgeschichten ausprobieren, an kleinen Erzählungen, Fragmente, an denen Du die 12 Roman-Basics erproben und verbessern kannst.

Und auch an dieser Stelle nochmal die Beruhigung:

Ein Buch schreiben ist nicht so schwer, wie Du denkst. Und mit der richtigen Vorarbeit wird es sogar noch leichter.

Ich kann Dir nur empfehlen, dieses Buch erst komplett zu lesen, bevor Du mit den Arbeiten an Deinem Roman anfängst oder **zumindest die ersten fünf Kapitel!** ;-)

Versuchen wir erst einmal, die Ängste in den Griff zu kriegen...

1.2. Wie gehen wir damit um?

Negative Glaubenssätze brennen sich in früher Kindheit in unser Gehirn ein. Das kann bereits unterbewusst im Mutterleib passieren oder später in den willkürlichsten Situationen.

Häufig bekommen weder Dein Umfeld noch Du selbst mit, wie sich diese bösen Mantras in Dein Herz fressen. Daraus ergibt sich im Erwachsenenalter eine destruktive Kombination aus Selbstzweifel und mangelhafter Selbstliebe.

Um den Alltag trotzdem meistern zu können, tritt ein mächtiger Mechanismus in Kraft: die Verdrängung. Sie sorgt dafür, dass wir unsere Emotionen betäuben, damit wir wie ein guter Roboter funktionieren zu können.

Was wir dabei selten oder erst zu spät erkennen: Die bösen Mantras verschwinden dadurch nicht, beeinflussen uns aber massiv im Unterbewussten und sorgen dafür, dass unsere Pläne gerne mal scheitern und wir uns dann fragen: **„Was ist da schief gelaufen?"**

An dieser Stelle schmeiße ich mal eine These in den Raum:

Die Angst ist gar nichts Schlechtes. Wir haben nur verlernt, wie wir gesund mit ihr umgehen!

Sozialanthropologisch gehört sie zu uns Menschen dazu, schützt uns davor, in die todbringende Gefahr zu rennen. Sie warnt uns vor möglichen Feinden und sorgt somit für unser Überleben.

Ein Buch zu schreiben, wird dich nicht umbringen. Kann es Feinde anlocken? Durchaus. Wirst Du in diesem Buch lernen, mit ihnen umzugehen? Ich denke schon, ja. Ein Buch schreiben ist nicht gefährlich. (Es zu veröffentlichen steht dann wieder auf einem anderen Blatt, aber dazu kommen wir in Kapitel 8.)

Eine Gefahr gibt es dabei tatsächlich, doch genau diese halte ich für ganz toll:

Das Schreiben wird dich verändern!

Du wirst neue Sichtweisen erlernen. Deine Synapsen werden viele neue neuronale Schnittstellen verknüpfen. Sogar Deine Art zu denken kann sich verändern!

Der Mensch ist ein Gewohnheitstier und ist an sich nicht sehr offen für Neues – aber genau da muss bei Dir etwas einsetzen, dass dich weiterbringt: **Mut!**

Deine Vergangenheit beeinflusst die Gegenwart und Deine Zukunft. Aber was passiert, wenn Du anfängst, bewusst zu bestimmen, wie es weitergeht?

Welche Möglichkeiten eröffnen sich, wenn Du nach den Sternen greifst? Nur weil es Träume sind, heißt es nicht, dass sich diese nicht verwirklichen lassen. Im Gegenteil, wenn Du sie in Angriff nimmst, kann daraus sogar noch etwas Besseres entstehen!

Es wird nicht jeder in Deinem Umfeld verstehen, warum Du ein Buch schreiben willst. Du wirst auf Gegenargumente treffen, unter Umständen auf blöde Sprüche, vielleicht sogar auf Unmut. *Darum geht es in Kapitel 10.!*

Aber lass uns im Vorfeld erst einmal ausprobieren, was mit Deiner eigenen Einstellung passiert, wenn wir die klassischen Ausreden, die bestimmt unterbewusst in Deinem Kopf herumschwirren, in etwas Positives transformieren...

1.3. Wie wir den Ausreden-Berg umgehen...

Ich sage immer gerne: **„Wer eine Ausrede braucht, findet eine Passende."**

Es bleibt dann die Frage, ob es Dir wirklich hilft, diese auch zu benutzen. Denn sich herausreden kommt einem Flüchten gleich. Der Rückzug in die Defensive. Das Wegsehen, bevor etwas Interessantes geschieht.

Hinterher bereust Du vielleicht, es nicht ausprobiert zu haben oder andere Leute erzählen Dir mit strahlenden Augen, was für ein geiler Moment das war. Und Du warst nicht dabei. Kein schönes Gefühl, oder?

Im Normalfall ist unser Repertoire an Ausreden nicht sehr breit gefächert. Dabei lernen wir schon in der Schule, dass wir mit dem Spruch **„Mein Piranha hat die Hausaufgaben gefressen"** nicht sehr weit kommen.

Wenn wir erwachsen werden sind vergessene und/oder nicht gemachte Hausaufgaben unser geringstes Problem. Nicht bezahlte Rechnungen, zu spät zur Arbeit kommen, nicht eingehaltene Deadlines.

Aber was passiert, wenn wir diesen Ausreden-Katalog zu

unserem Vorteil nutzen? Damit wir sie erst gar nicht benutzen müssen? Sie uns im Gegenteil zu Gute kommen?

Das benötigte Stichwort lautet **„Reversibilität"**. Damit meine ich im übertragenen Sinne die Umkehrung in eine positive Wendung.

→ Ich habe keine Zeit, ein Buch zu schreiben.
Ergo: Ich muss mein Zeit-Management optimieren, um mein Ziel zu erreichen.

→ Ich habe eine Idee, kann sie aber nicht aufs Papier bringen.
Ergo: Ich benötige eine vertrauenswürdige Person, bei der ich mutig genug bin, ihr meinen unfertigen Schreibstil zu zeigen.

→ Ich kann wohl einen kurzen Text schreiben, aber ein ganzes Buch sicher nicht!
Ergo: Gib mir die Sicherheit, im Falle von Disziplin-Mangel mir im richtigen Moment in den Hintern zu treten!

→ Ich weiß gar nicht, wie man ein Buch schreibt.
Ergo: Ich brauche einen Mentor/Coach, der mit die Tools an

die Hand gibt, damit auch ich ein Manuskript verfassen kann.

Du merkst an diesen Beispielen, dass auch hierbei Angst und Unsicherheit eine große Rolle spielen. Doch anstatt uns zurückzuziehen ins Schneckenhaus, hilft uns die Reversibilität, nach vorne zu breschen. Der Kopf bleibt oberhalb des Sandes, wir lassen die Höhle hinter uns und rennen mit offenen Augen in die Savanne hinaus.

Ein Buch schreiben ist eine Herausforderung, ein Abenteuer. **Eine Heldenreise nur für dich.** Werde zum Helden Deiner Geschichte:

Lass die Zweifel und Sorgen hinter Dir – und auf geht's!

Du wirst neue Seiten an Dir entdecken. Es werden Gefühle verstärkt werden, die Du mit Deinen Figuren verarbeiten kannst. Innerhalb der Recherche kannst Du neue Dinge lernen und altes Wissen wieder aufarbeiten.

Mit Erstaunen wirst Du feststellen, auf welch reichhaltiges Erfahrungsspektrum Du bereits zurückgreifen kannst. Du kannst über Themen schreiben, die Dir viel bedeuten und Details beschreiben, die vielleicht nur Du so genau wahr nimmst.

Also auf auf ins Abenteuer!

2. Finde Dein persönliches Setting!

2.1. Welcher Schreib-Typ bist Du?

Ich unterscheide hier sieben verschiedene Kategorien:

1. The „Overdoer"

Du bist nicht nur Perfektionist, sondern gehst nur zu gerne über die Felsklippe hinaus. Du schreibst nicht nur einen Roman, Du kreierst eine völlig neue Welt, entwickelst für die Völker verschiedene neue Sprachen – für die Arbeit an Deiner Buchadaption müssen erst einmal ganz neue Techniken entwickelt werden, damit der Film umsetzbar wird.

Beispiele: „Herr der Ringe", „Avatar", „Star Wars"

2. The „Golden Thread"

Es mag Dein erstes Buch sein, aber Dein roter Faden ist bereits für eine Buchreihe mit drölfzig Teilen angelegt. Deine Storyline ist derart verknotet, dass nur ein Superhirn den Überblick behalten kann. Unzählige Figuren stehen vor Herausforderungen, die sie unmöglich meistern können und es trotzdem versuchen.

Beispiele: „Game of Thrones", „The Vampire Diaries", „Supernatural"

3. The „Emotional"

Hochkomplexe Stories brauchst Du nicht und Du siehst auch nicht den Bedarf an einer Buchreihe, die Dein Leben bestimmt. Dafür hast Du die Gabe, in die Gefühle der Menschen einzutauchen. Du spürst beim Schreiben, was Deine Figuren durchmachen. Dir fließen die Tränen, wenn Dein Protagonist nicht mehr weiter weißt. Aber genau diese einfühlsame Art bekommt der Leser mit aller Wucht ab, Seite für Seite und es bringt jede noch so dicke Mauer zum Einsturz!

Beispiele: „Everything suck's!", „October Road", „This is us"

4. The „Robot"

Du liebst die technischen Aspekte einer Geschichte. Die Emotionen der Menschen sind Dir egal, Hauptsache es ist alles faktisch und logisch richtig beschrieben. Deine Stories spielen nicht in der Vergangenheit. Hinterwäldler-Denken ist Dir zuwider; je moderner und fortschrittlicher, um so besser. Und wenn dafür die Welt zerstört werden muss, dann ist das eben so.

Beispiele: „The Terminator", „The 100", „I Robot"

5. The „Realist"

Du brauchst keine übernatürlichen Wesen, aber sowohl die Vergangenheit noch die Zukunft reizen dich. Du bleibst im Hier und Jetzt, versuchst das aktuelle Zeitgeschehen festzuhalten. Deine Bilder und Szenen sind so präzise wie eine hochauflösende Fotografie. Dabei widmest Du dich Themen, die gesellschaftskritisch sind und möchtest den Lesern neue Sichtweisen näherbringen.

Beispiele: „Homeland", „Orphan Black", „Empire"

6. The „Librarian"

Du bist ein Fan von Sachbüchern und weniger von fiktiven Storys. Du gibst gern Dein hart erarbeitetes Wissen weiter, verstehst es, komplexe Themengebiete verständlich wieder zu geben, behältst dabei aber den Überblick. Du schaust Dir lieber Dokumentationen anstelle von Blockbustern an. Der hohe Anspruch an Dich selbst spiegelt sich in Deinen Texten wieder und stellt den Leser vor Herausforderungen.

Beispiele: „Planet Erde", „Terra X", „Schätze der Menschheit"

7. The „Freak"

Du magst es gern chaotisch und experimentell. Neue kreative Wege ziehen Dich magisch an. Du kennst die Regeln, brichst sie aber gerne. Wo andere das Pferd von hinten aufsatteln, bist Du längst ohne los geritten. Du siehst Dich als Artist im freien Fall ohne Sicherung und das gefällt Dir. Mit dieser Einstellung trittst Du anderen gern mal auf die Füße, aber das stört Dich wenig. Je abgedrehter die Story, um so besser.

Beispiele: „Daybreak", „American Horror Story", „Glee"

Wie Du vielleicht gemerkt hast, sind die meisten Beispiele Serienformate. Bewusst habe ich keine Autoren oder Bücher genannt, denn die Versuchung, von diesen abzukupfern, möchte ich vermeiden.

Stattdessen sollen die Serien als Inspirationsquellen herhalten. Übrigens ist kein Autor nur speziell einer Kategorie zuzuordnen, sondern wir haben eher verschieden große Schnittmengen mit mehreren Typisierungen.

Es ist von Vorteil, seinen eigenen Schwerpunkt zu kennen. Ich rate Dir, falls Du schon Texte geschrieben hast, Dir mal Deine Bandbreite anzuschauen, um zu wissen, wo die Reise hingehen könnte.

Verbiege Dich nicht, um jemanden zu gefallen, denn Du musst mit 200 Prozent hinter Deinem Roman stehen, um ihn erfolgreich an den Leser zu bringen.

Vielleicht hilft die richtige Atmosphäre, Deine Kategorie herauszufinden, falls Du Dir noch unsicher bist...

2.2. Wir schaffen Dir Deine ideale Atmosphäre!

Autoren sind meist starke Persönlichkeiten (auch wenn das nicht jeder so sehen würde) und haben gewissen Ansprüche an sich selbst und ihre Umgebung.

Gerade beim kreativen Prozess des Schreibens ist es daher sehr wichtig zu wissen, welche Bedingungen zu einem selbst am besten passen, um den Flow möglichst lange halten zu können.

In einer Welt, in der wir ständig das Gefühl haben, etwas zu verpassen und ein Tag nie lang genug sein kann, um auch nur halbwegs die Punkte unserer überfüllten To-Do-Listen abarbeiten zu können, muss das Zeitkontingent, das uns zum Schreiben bleibt, effektiv genutzt werden.

Ich unterscheide hier wiederum drei verschiedene Autorengruppen:

1. Der „Virginia Woolf"-Typ:

Du brauchst absolute Stille und am besten noch völlige Abgeschiedenheit von den Menschen und Deiner direkten Umgebung. Du schreibst gerne draußen in der Natur und/oder im stillen Kämmerlein, mit verdunkelten Fenstern.

Die digitale Welt ist Dir zuwider – am liebsten benutzt Du gutes Papier und einen teuren Füllfederhalter, den Du noch wie damals in die Tinte eintauchen musst.

Wenn diese Bedingungen dann erfüllt sind, gibt es für dich kein Halten mehr und kannst dann auch ein vollständiges Manuskript in der kürzesten Zeit fertigstellen.

2. Der „Carrie Bradshaw"-Typ:

Für Deine Texte brauchst Du akute Real-life-Inspiration vor Ort. Du klemmst Dir nach dem ersten Liter Kaffee Deinen Schlepptopp unter den Arm, läufst durch Städte wie Berlin, New York, Tokio, als gehöre Dir die Metropole und setzt Dich in das vollste Hipster-Café – um noch mehr Kaffee zu trinken. Dabei beobachtest Du die Leute, jede Bewegung, lustige Dialoge und besondere Gesten – alle Details fließen direkt in Deine Storys vor Ort.

3. Der „Julie Plec"-Typ

Dir ist es egal, wo Du schreibst, Hauptsache Du schreibst. Deine Umgebung kann Dich mal kreuzweise – Störungen werden hart geahndet, aber zugelassen. Dein Manuskript ist derart in Deinem Kopf verankert, dass es Dir ein Leichtes ist, sofort wieder in Deinen Flow zu kommen. Du ruhst in Dir und weißt einfach, dass Du brillante Texte verfassen kannst. Mit diesem Selbstbewusstsein kann Dich beim Schreiben einfach nichts erschüttern.

Auch in diesem Bereich würde es mich nicht wundern, auf Mischwesen zu treffen. Es ist auch durchaus möglich, noch weitere Varianten zu entdecken. Für mich sind dies aber die drei gängigen Schubladen, die mir immer wieder begegnen.

Zusätzlich zu diesen Gruppierungen ist der Zeitfaktor ganz erheblich wichtig:

Mit dem Bücher schreiben Geld zu verdienen wird immer schwieriger. Das sage ich Dir auch lieber hier direkt, bevor es später ein böses Erwachen gibt. Pro Jahr erscheinen circa 76.000 Bücher jährlich – allein in Deutschland!

Überlege Dir daher gut, wie viel Zeit Du für das Schreiben opfern möchtest. Viele arbeiten Vollzeit, haben noch Familie, die Aufmerksamkeit möchte und vielleicht noch das ein oder andere Zusatzhobby.

Dann noch die Frage, wann Du am Produktivsten bist – lieber morgens in der Früh, wenn der Rest noch schläft eben schnell ein Kapitel schreiben.

Oder lieber abends, wenn alle anderen schon im Bett liegen den Flow nutzen und erschrocken zum Fenster sehen, wenn die Sonne wieder aufgeht.

Ich persönlich bevorzuge mehr die Mittagszeit, von 10-14 Uhr. Das ist sehr individuell unterschiedlich, lässt sich aber leicht herausfinden. Doch die lieben Arbeitszeiten nutzen leider auch gerne unsere beste Energie. Wenn Du also dauerhaft an Romanen und anderen Texten arbeiten willst, wäre auch eine Überlegung wert, den Job dementsprechend anzupassen. Das ist natürlich eine Entscheidung, die nicht spontan über Nacht gemacht werden will!

Zum Schreiben selbst gehört viel **Struktur und Disziplin**. Nicht jeder Autor ist gut darin – häufig liegen gerade in diesen beiden Punkten einige Defizite.

Mehr dazu findest Du in Kapitel 4 und in 10.2!

2.3. Mit Störfaktoren richtig umgehen...

Die Kaffeetasse ist leer. Das Smartphone schreit „Mimimi!" und der Magen knurrt auch noch.

Und dann bist Du gerade halbwegs im Flow, plingt die Kalender-App und der nächste Termin steht an. Der mögliche Partner und/oder Kinder wollen auch noch was, auf der Mailbox hörst Du die Oma, die Dir Schuldgefühle einredet, weil Du Dich so lange nicht gemeldet hast.

Dein Boss schmeißt Dir den nächsten Stapel Arbeit auf den Schreibtisch und das Haustier möchte auch gern etwas Aufmerksamkeit.

Und mit diesem Wissen sollst Du einen Roman schreiben? Kreativ werden und mit vollem Elan durch fremde Galaxien springen?

Wohl kaum. **Oder vielleicht doch? Aber wie?**

Ich kann Dir aus Erfahrung garantieren, dass es nicht leicht ist. Saumäßig schwer trifft es wohl besser. Nichtsdestotrotz ist es nicht unmöglich. Die oben beschriebenen Elemente lassen sich bis aufs Smartphone nicht ausschalten. Und in so manchem Beruf ist auch das keine Option, von daher müssen wir andere Wege finden, diese Störfaktoren zu umgehen. Zum

Beispiel kannst Du Dir eine „To-Do-Liste" anlegen (kann ich sowieso nur empfehlen), in der Du Raum für diese Faktoren schaffst – außerhalb Deines Schreibflows!

Auch wenn es im ersten Moment hart klingt, Deinen Alltag aus dem Großteil Deines Energieflusses zu verbannen – **es ist notwendig!**

Ein Buch schreibt sich nicht von selbst. Auch mit den richtigen Tools ist es immer noch harte Arbeit, die nicht gerade kleine Mengen an Zeit erwartet.

Aber ich zweifle nicht daran, dass Du dieser Aufgabe gewachsen bist. Häufig ist es nur eine Frage der Organisation. Und damit stehst Du nicht alleine dar: suche Dir einen „Familiar", der Deinen Roman positiv gesinnt ist – der richtig Bock hat, Deine geschriebenen Sachen zu lesen. Diese Person wird automatisch dafür sorgen, dass Du dran bleibst und weiter schreibst.

Oder kannst Du es mit Deinem Gewissen vereinbaren, dass dieser Mensch, der so sehr an Dich glaubt, enttäuscht wird? Na siehste! Wenn das keine Motivation ist!

Also los geht's!!!

3. Lerne die Basics!

3.1. Die zwölf Roman-Basics im Einzelnen

3.1.1. Der Protagonist

Dies ist Dein *Maincharacter*.
Ohne dem geht's schon mal nicht!

In der Wahl dieser Figur bist Du ziemlich frei:
Es kann ein Mensch sein, ein Tier, eine übernatürliche Kreatur - wenn Du Bock drauf hast, kann auch der Wind der Protagonist sein.

Der Protagonist sollte beim Schreiben zu Deiner zweiten Haut werden, Dein bester Freund, eventuell sogar Dein Lover - **niemand ist Dir so nah wie dieser Figur!**

Auch wenn das gerne anders erklärt wird: im Grunde gibt es keine Beschränkung auf nur einen einzigen Protagonisten. Aber gerade am Anfang ist es ratsam, nicht gleich zu übertreiben. ;-)

Mit mehreren wird es nämlich nicht leichter! Aber das ist logisch, oder?

Gestalte Deine Hauptfigur so plastisch wie möglich! Vermeide nach Möglichkeit die gängigen Klischees und Stereotypen, sondern versuche, eine einzigartige Person zu erschaffen. Eine, die im Gedächtnis des Lesers bleibt. Mit dem er/sie/es sich identifizieren kann.

Fehler, Macken und Marotten sind gern gesehen. Dazu mehr im Kapitel 3.3.

Du wirst merken, dass ich häufiger auf die Buchreihe „Midnight, Texas" verweise, die ich zuerst als Serie gesehen habe. Die Charaktere darin sind so unglaublich gut gezeichnet, dass ich es nur empfehlen kann, zum Zwecke der Inspiration hinein zu schauen.

Ein Medium „Manfred" zu nennen, ist einfach schon ein cooler Move, einen schwarzen Vampir mit blauen Augen merkt sich auch sofort jeder. Und einen gefangenen Engel, der schwul ist und mit einem Halbdämon verheiratet ist, findest Du auch nicht jeden Tag. Charlaine Harris ist die Autorin der Bücher und sie hat sich echt richtig was einfallen lassen!

Hast Du schon Ideen für Deinen Protagonisten?

3.1.2. Der Antagonist

Deine Hauptfigur **braucht** *einen Gegenspieler.*

Auch hier bist Du relativ frei in Deiner Wahl. Wenn nicht sogar noch freier, denn im Falle des Antagonisten ist es auch möglich, ein "Abstraktum" einzusetzen.

Sprich: der Antagonist kann auch das Wetter sein, oder die Gefühlswelt Deines Protagonisten - eben etwas nicht direkt Greifbares.

Hauptsache er/sie/es arbeitet <u>gegen</u> Deinen Maincharacter.

Für mich war „Kylo Ren" ein sehr cooler Antagonist in der letzten Trilogie der Star Wars Saga. Als Sohn von Han Solo und Prinzessin Leya hätte er, ähnlich wie damals Darth Vada auf der guten Seite der Macht bleiben können, doch er gibt dem Bösen den Vorrang.

Und obwohl er gegen Ray kämpft, spürt er gleichzeitig diese Zerrissenheit in sich, fühlt sich sogar zu ihr hingezogen.

Obwohl er nicht anders kann, möchte er gar nicht böse sein und steht im ständigen Zwiespalt mit seinen Gefühlen.

Auch für den Leser ist ein solcher Charakter spannend, weil er/sie/es weiß, dass diese Figur hassenswert ist, aber die Hoffnung auf einen guten Ausgang trotzdem etwas in uns auslöst.

Selbst ein Hannibal Lecter, wenn er am Klavier sitzt und die Goldberg-Variationen von Bach spielt, lässt mich vergessen, dass er ein kannibalistischer Serienkiller ist. Und der wahrlich furchtbare Trompetenspieler im Sequel findet sein Ende zu Recht im Hors d'oevre, oder nicht?

Habe ich erwähnt, dass Protagonist und Antagonist auch gerne mal die Seite wechseln können?

Nein? Mein Fehler.

Doch, das geht.

Und wieder erwähne ich kein Buch als Beispiel sondern eine Serie: „Supernatural". Gut und Böse sind dabei so fließend wie ein Gebirgsbach im Sommer. Da wird der eine Bruder zum brutalen Killer, während der König der Unterwelt zum sympathischen Assistenten avanciert. Im nächsten Moment klaut sich ein Engel alle Macht des Höllenfeuers und erklärt sich zum neuen Gott.

Und Du sitzt dabei und denkst Dir die ganze Zeit nur: „Alter, was geht denn hier ab???"

Kriegst Du das auch hin mit Deinen Figuren?

3.1.3. Die Location

Wo soll Dein Roman spielen?

Der Ort ist entscheidend für die nächsten Punkte!

Wenn Du am Anfang *die Kardinalsregel beachtest*, kannst Du am leichtesten Deinen eigenen Wohnort wählen, weil Du Dich dort bereits auskennst.

Letztendlich bist Du auch hier ziemlich frei in der Wahl - Du kannst Deine Geschichte auf dem Mond platzieren, auf Pandora (wie bei Avatar), in Mittelerde (wie bei Herr der Ringe) oder nimmst eine bekannte Stadt wie New York, Berlin, Rom.

Ein kleines Dorf kann aber auch sehr viele Möglichkeiten bieten, siehe Juli Zehs Buch "Unterleuten".

Dir muss einfach klar sein: je weiter Du von Deinem Zuhause weggehst, um so mehr Arbeit kommt als Autor auf Dich zu. ;-) Der Leser erwartet Details, das Eintauchen in eine Welt und daher ist es wichtig, diese so gründlich und präzise wie möglich zu beschreiben.

Dies muss allerdings nicht kompliziert oder über viele Seiten geschehen. **Streue die Informationen lieber übers Buch verteilt,** dann gibt es immer wieder etwas Neues zu entdecken.

Solltest Du ein geschichtliches (historisches) Thema wählen, **sollten die Fakten stimmen.** Gerade die Leser dieses Genres kennen sich aus und verzeihen Fehler nur selten.

Bleibst Du auf der Erde, reicht es, das Land und die Region zu erwähnen, damit der Leser eine grobe Richtung hat. Dann kannst Du nach und nach feinere Einzelheiten einbauen.

Ein anderer Planet sollte natürlich genauer beschrieben werden. Je nachdem, ob Du dann mit humanoiden Wesen oder extraterrestrischen Kreaturen weitermachst, ergeben sich womöglich ganz andere gesellschaftliche Strukturen und Werte-Gesetze. Das muss der Leser natürlich alles von Dir erfahren – aber bitte nicht alles auf der ersten Seite!

3.1.4. Die Ausgangsbasis

Wo fange ich mit der Story an?

Ich hab diesen Punkt bewusst nicht "Konflikt" genannt, weil lang nicht jeder Roman mit der Tür ins Haus fällt.

Du kannst dem Leser auch **die Chance geben, in der Atmosphäre Deiner Story anzukommen.**

Das macht vor allem dann Sinn, wenn Du die Erde als Location verlässt. Dann musst Du den Leser an die Hand nehmen und ihm Deine neue unbekannte Welt zeigen und die Gepflogenheiten der Leute.

Aber: mache es bitte nicht Tolkien nach und brauche für die Ausgangsbasis 100 Seiten! Damit kannst Du den Leser auch verschrecken.

Die **Ausgangsbasis** wird in der **Exposition** beschrieben (siehe Kap. 3.2) und zeigt dem Leser, in welcher Situation die Geschichte anfängt.

Es ist legitim, mit einer „gesunden" Atmosphäre zu starten,

die dann im **Plotpoint** (siehe Kap. 3.2.) zerbricht. Schließlich ist eine heile Welt zerbrechlich wie eine Seifenblase. Eine scharfe Kante, eine winzige Spitze genügt und schon zerplatzt die schimmernde fragile Kugel.

Andererseits kann Dein Roman im völligen Chaos nach einer Apokalypse starten und die Aufgabe Deines Protagonisten wird es sein, die zerstörte Welt wieder aufzubauen.

Dein angehender Held kann feststellen, dass seine Beziehung eine Lüge ist und/oder dieser vom Partner betrogen wird. Dann wird die Ausgangsbasis darin bestehen, das komplett zerschmetterte Herz wieder zusammenzuflicken. Sofern das möglich ist.

Die Szenerie, die Du am Anfang kreierst, bestimmt den weiteren Verlauf Deiner Geschichte. Im nächsten Kapitel erfährst Du, wie die sogenannte **„Fallhöhe"** diese Basis beeinflussen kann.

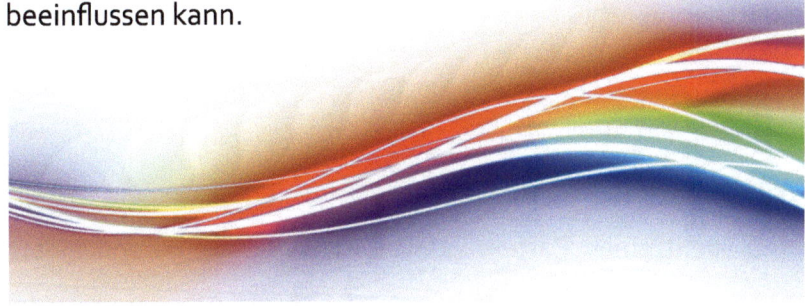

3.1.5. Die Fallhöhe

Dieser Punkt ist ein ganz wichtiger:

**Je höher Du die Fallhöhe anlegst,
um so krasser kann die Story werden!**

Bei Superhelden-Geschichten wird sie immer sehr hoch geschraubt: stumpf die Welt retten. Weil ist ja so easy!
Oder wie bei „The Vampire Diaries": jemand droht damit, Bonnie zu töten. (Funktioniert quasi in jeder Staffel)

Aber die Fallhöhe ist von den vorigen Punkten abhängig!

Ist Dein Protagonist beispielsweise depressiv: dann kann es schon schwer genug sein, morgens überhaupt aufzustehen. Ihn dann auch noch die Welt retten zu lassen, wirkt dann übertrieben.

Beliebt bei Lovestories: der Protagonist *(der natürlich jegliche Sexualität und Gender identity haben darf)* ist Single und sucht einen Partner oder wird im Gegenteil von einem solchen verlassen und muss mit dem Singleleben klar kommen.

Die gute alte Rache kann eine tolle Fallhöhe bilden! Bei Luca di Fulvios Buch "Das Mädchen, das den Himmel berührte" spielt das eine zentrale Rolle und sorgt für 1000 Seiten Stoff - übrigens im Venedig des 17. Jahrhunderts. *Wie erwähnt, kann sich die Fallhöhe verstärken, je nachdem, wie Du die vorigen Punkte variierst.*

Auch im Bereich des Horror-Genres kann die Messlatte am Anfang gar nicht hoch genug sein. Der Film „The Hunt" aus dem Jahre 2020 hat da einen sehr modernen Touch:
Elf Personen wachen unabhängig voneinander in einem Wald mit einer Lichtung auf. Sie alle tragen einen Leder-Knebel, der hinter ihrem Kopf mit einem Schloss versiegelt ist. Auf der Lichtung steht eine 1x3 Meter lange Holzkiste.
Beim Öffnen rennt ein kleines Schweinchen heraus und dahinter ist ein beidseitiges Gestell, voll mit Waffen. Alle rennen darauf zu und greifen sich irgendwas.
Und dann ertönen die ersten Schüsse von weit her und das Zischen von Pfeilen summt durch die Luft.

Die Ausgangsbasis mit Fallhöhe ist eindeutig, oder?

3.1.6. Das Ende

Huch, jetzt kommt schon das Ende?

Jepp!

Bevor Du anfängst zu schreiben, solltest Du das Ende kennen.

Selbst ich als Discovery writer kenne den Weg zwar nicht immer, aber wie meine Bücher ausgehen, das kann ich Dir durchaus sagen. (Mach ich natürlich nicht, weil wäre ja hardcore gespoilert.)

Denn auch hier kannst Du direkt am Anfang, vor dem Schreiben, den Spannungsgrad variieren.

Willst Du ein Happy end? Oder lieben ein Open end, mit der Option, irgendwann weiterschreiben zu können?

Stirbt Dein Protagonist, um sein Ziel zu erreichen?

Und stell Dir auch direkt am Anfang folgende Frage:

Was erwartet mein Leser vom Ende?

Vor kurzem hab ich den grandiosen Film "Call me by your

name" gesehen. (Übrigens auch das Buch gelesen)

Und schon ziemlich früh in der Story war für mich als Zuschauer klar: wehe, das gut aus! Brauch ich nicht, will ich nicht. Passt nicht. (Spoileralarm: Ich wurde nicht enttäuscht.)

Schaue ich aber einen Film mit Renée Zellweger: Dann will ich, verdammt nochmal, ein Happy end sehen! ;-) Ich glaub, Du hast verstanden, worauf ich hinaus wollte.

Ich persönlich unterscheide drei Haupt-Varianten:
→ Happy end

→ Sad end

→ Open end

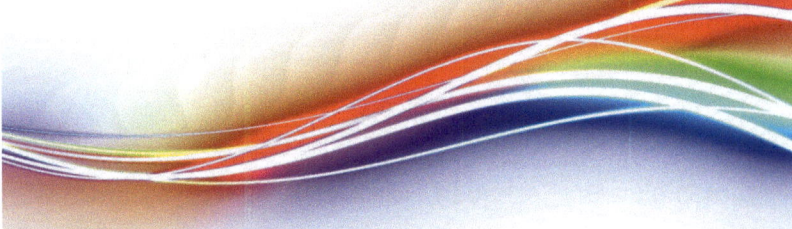

Das Finale startet am Ende des dritten Aktes (siehe Kap. 3.2) und ist abhängig vom Genre Deines Romans. Alle nötigen Fäden müssen bis dahin verwoben sein und Deine Figuren sollten an ihren jeweiligen Positionen stehen.

Für den sogenannten **„Showdown"** habe ich einen

Algorithmus entwickelt, der bestimmt, wie stark Dein Ende werden kann:

Ausgangssituation + (**K**onflikte + handelnde **F**iguren) x entsprechende Fall**h**öhe = **S**howdown

Aussagekräftige Ergebnisse bekommst Du nur, wenn Du bestimmte Restriktionen im Vorfeld festlegst:

$A = \{ x \mid 0 < x < 13 \}$ $\qquad$ $K = \{ x \mid 2 < x \leq 100 \}$

$F = \{ x \mid 0 < x\ 26 \}$ $\qquad$ $h = \{ x \mid 9 < x < 51 \}$

Wenn Du ausschließlich natürliche Zahlen benutzt, erhältst Du einen Intervall von 31 bis 6.321. Das klingt jetzt im ersten Moment nach einem sehr breitem Spektrum, aber das ist ja auch gleichzeitig beruhigend, oder nicht?

Als kleinen Richtwert kann ich angeben, dass mein erster Krimi einen Showdown von 2.687 erreicht. Da wäre also mit dem jetzigen Know-how noch reichlich Platz nach oben gewesen. ;-)

Du solltest mit den einzelnen Faktoren im Vorfeld herumspielen und schauen, wie Deine Rechnung am besten aufgeht. Falls Du Dich fragst, warum in einem Coachingbuch zum Thema Novelwriting überhaupt Mathematik drin vorkommt, dann lass Dir gesagt sein, dass ein Roman viel logischer aufgebaut ist, als Du denkst.

Das fängt schon beim Satz an. Hier ein kleiner Mathe-Exkurs:

Subjekt + Prädikat (+ Objekt) = Satz

Es gilt Kommutativität, das Assoziativgesetz, die Werte können positiv als auch negativ sein. Inversität ist möglich. Sätze können symmetrisch und damit spiegelbar sein, sind eindeutig potenzierbar und damit geometrisch betrachtbar.

Die Gerade eines Satzes kann kongruent sein. Häufiger sind Parabeln und komplizierte Graphen. Sätze sind gerne mal grenzwertig und es ist zu vermeiden, dass sie gegen unendlich laufen. ;-)

Eine bestimmte Menge an Sätzen können zu einem Abschnitt zusammengefasst werden. Darauf entstehen Passagen, Seiten, Kapitel, eben Geschichten.

3.1.7. Der Plot

Die Handlung beziehungsweise der Handlungsverlauf wird im Fachjargon „Plot" genannt. Wer plottet, bastelt sich einen roten Faden zurecht, an dem die Story entlang hangelt. Du kannst auch wild drauf los schreiben, empfehlen kann ich das allerdings nicht.

Die Gefahr ist zu groß, dass Du Dich verrennst und Deine Figuren nicht an einem plausiblen Ende landen. Ein bisschen Struktur und disziplinierte Planung machen es Dir um einiges leichter.

Der Weg ist das Ziel. Das habe ich früh gelernt. Ein wichtiges Mantra, das auch beim Schreiben elementar wichtig ist.

Aber: Die Strecke ist relativ variabel. *Viele Wege führen nach Rom.*

Ich erwähne an dieser Stelle immer wieder gerne "Herr der Ringe". Frodo soll diesen Ring in den Vulkan werfen. **Hätte er direkt am Anfang Gandalf gefragt:** "Du, was meinst Du, kann ich die Adler haben, die mich dahin fliegen?" *Dann wäre die Story eine ziemliche kurze geworden.* Stattdessen hat Tolkien einen ganz anderen Weg eingeschlagen.

Gefährlich, umständlich, langwierig - **spannend eben.**

Gerade für den Anfang ist die klassische „Heldenreise" wohl der leichteste Weg, einen Plot aufzubauen. In Kapitel 3.2. lernst Du, wie Du ein solches Abenteuer in vier Teilen aufbaust.

Letztendlich ist es irrelevant, worauf Dein persönlicher Schwerpunkt liegen soll. Du kannst mit dem Prinzip der Heldenreise eine Romanze, einen Thriller, theoretisch sogar einen Krimi schreiben, wobei ich bei letzterem einen leicht variierten Ansatz wählen würde.

**Für einen Krimi reichen
meiner Meinung nach drei Akte:**

1. Die Entdeckung eines Mordes

2. Die Ermittlung

3. Die Aufklärung

Ein Sachbuch wiederum braucht natürlich eine viel feinere Struktur, die logisch aufgebaut sein muss. Auch dafür würde ich die magische Zahl 3 wählen.

1. Der Einstieg in die Materie

2. Tiefgehende Erläuterungen

3. Der Ausklang/ Perspektive

Letztendlich liegt es an Dir, wie der Plot aufgebaut ist. Spiele mit den Elementen, probiere Dich aus, bis Du ein gutes System für dich gefunden hast.

Filme und Serien benutzen gerne das Prinzip, mit dem Ende anzufangen und dann zu erläutern, wie es dazu kam. Das kannst Du auch in einem Roman machen - gerade ein Thriller könnte mit dieser Plot-Art gut funktionieren.

→ Wenn Du beim Entwickeln Schwierigkeiten hast, hilft vielleicht Folgendes:

1. Lege Anfang und Ende fest.

2. Teile die Geschichte in vier Teile auf, siehe Kap. 3.2

3. Teile jeden Teil in drei weitere Teile auf: Anfang, Mitte, Schluss

4. Teile nun diese Teile noch einmal jeweils in drei Teile auf, dann hast Du schon 36 Kapitel, die Du mit Inhalt füllen kannst!

Du siehst: Wenn Du strukturiert an die Materie herangehst, ist es gar nicht mehr so schwer. Und mit diesem mathematischen Ansatz nimmst Du Dir selbst den Druck, möglichst viel produzieren zu müssen. ;-)

3.1.8. Die Plottwists

Vor kurzem hat mal jemand bei Instagram einen weisen Satz gepostet:

"Wenn Du nicht mehr weiter weißt: schreie Plottwist und mach weiter."

Dieser Satz kann auch super im Alltag angewendet werden, aber vor allem in einem Roman kannst Du *mit unvorhergesehenen Elementen die unendlichen Möglichkeiten bewusst nutzen.*

Du brauchst ein Beispiel: "the Butterfly effect" - in diesem Film ist der Twist das zentrale Thema. **Du veränderst einen kleinen Faktor und dadurch ändert sich alles.**

In der NBC-Serie „Midnight, Texas" gibt es herrliche Plottwists! Du denkst, der Reverent ist einfach nur ein guter Mensch und dann kommt der Hammer und Du erkennst, dass Du falsch lagst. Und ein paar Folgen weiter gibt's eine Rückblende und Du erfährst: auch das war eigentlich ganz anders. ;-)

Der Leser fühlt sich wohl, wenn er glaubt, schlauer als Du zu sein.

Lass ihm dieses Gefühl die meiste Zeit und nutze immer wieder Momente, wo *Du ihm den Teppich wegziehst* und ihn auf den Boden der Tatsachen zurückholst.

Der Leser muss denken: "Ich weiß längst Bescheid." *Gerade bei Krimis ist das ein elementarer Bestandteil.* Der Leser bekommt das Gefühl, er ist dem Ermittler immer eine Spur voraus. Und läuft dadurch komplett in die Irre - *bis Du ihm die Realität um die Ohren haust. ;-)*

Schicke Deinen Protagonisten auf den sogenannten "Holzpfad", lass ihn in die komplett falsche Richtung rennen - Du kannst das sogar dem Leser offenlegen, damit der vor dem Buch sitzt und schreit: *"Mach das nicht! Das ist falsch! Das bringt nichts!"*

Wenn Du das geschafft hast,
folgt Dir der Leser überall hin. ;-)

3.1.9. Die Erzähl-Perspektive

Ich unterscheide bei der Perspektive

vier verschiedene Varianten:

1. auktorial = allwissend

2. personal = über die Schulter schauend

3. neutral = der nicht wertende Beobachter

4. Ich-Erzähler = direkt aus der Gedankenquelle

Auch wenn Du komplett frei wählen kannst, aus welcher Perspektive Du Dein Buch schreibst, kann ich Dir nur nahe legen, Dir sehr genau zu überlegen, welche Variante Du wählst.

Es steht Dir auch frei, die verschiedenen Erzähler zu kombinieren – in gewissen Situationen ist das durchaus erlaubt und macht Deine Geschichte um einiges spannender.

Die jeweiligen Vorteile:

1. Der allwissende Erzähler ist ziemlich mächtig. Er/sie/es kennt alle Geheimnisse, die kompletten Gedanken und Gefühle der Figuren und auch schon das Ende Deiner Story inklusive der Plottwists.

Du kannst es Dir daher nicht erlauben, dass er gegen dich arbeitet. Sonst hintergeht er Dich womöglich und erzählt dem Leser oder Deinem Protagonisten etwas, dass er zu einem frühen Zeitpunkt noch gar nicht wissen soll.

2. Der personale Erzähler schaut einer Deiner Figuren über die Schulter. Er/sie/es ist nicht allwissend und bekommt nicht alles mit, was in den jeweiligen Szenen passiert.

In dieser Perspektive können dadurch Dinge geschehen, die weder der Leser noch die Figur (und das muss nicht der Hauptdarsteller sein) mitbekommt.

Um so schöner – oder schlimmer, je nach Genre – ist die Überraschung für später.

3. Der neutrale Erzähler ist eben genau das. Ein Erzähler, der beispielsweise eine Szenerie beschreibt. Er/sie/es gibt nur die Fakten preis, wertet nicht, denkt nicht und vor allem: fühlt nicht. Diese Perspektive eignet sich für Dialoge oder für detaillierte Beschreibungen eines noch fremden Raumes.

4. Der Ich-Erzähler hat Vor- und Nachteile. In den meisten Fällen wird diese Perspektive für den Protagonisten gewählt. Dies ist allerdings nicht zwingend notwendig, nur die häufigste Variante in Geschichten, Romanen und natürlich in Videospielen. ;-)

In dieser Perspektive, die nicht einmal ansatzweise Deinen ganzen Plot kennt, kann viel mit Gefühlen und Gedanken gearbeitet werden. Die Innenwelt einer Person ist für den Leser außerordentlich interessant, weil er sich gerne mit Deinen Figuren identifizieren möchte.

Je klarer die Vorstellung der einzelnen Charaktere gezeichnet sind, um so packender ist es für den Leser und um so schwerer fällt es diesem, Dein Buch zur Seite zu legen.

Und genau das wollen wir nicht, oder?

Perspektivwechsel sollten immer bewusst geschehen. Es kann leider im Schreibflow schnell passieren, dass ein Erzähler-Wechsel stattfindet, doch mach Dir bitte in der Phase der Überarbeitung die Mühe, solche groben Fehler zu korrigieren. Es wäre ärgerlich, wenn dadurch Deine Story an Tiefe verlieren würde.

3.1.10. Der erste Satz

Wenn mir beim Bücher stöbern
der erste Satz nicht gefällt,
kaufe ich das Buch nicht.
Ich denke, das geht sehr vielen
Menschen so.

Daher: *Überlege Dir gut, wie Du Deine Geschichte anfangen lässt!*
Auch ein Lektor achtet sehr darauf. Und die Verlage sowieso.

Der erste Satz muss den Willen hervorrufen, mehr wissen zu wollen. Er ist der Köder, der den potentiellen Leser dazu bringt, folgenden Gedanken zu fassen: „Vielleicht sollte ich das Buch mal lesen."
Dann muss natürlich noch der Titel, der Klappentext und das Cover dermaßen ansprechend sein, dass der Kunde im Buchladen, am Rechner im Online-Shop gar nicht anders kann, als zu bestellen.

Es ist übrigens nicht entscheidend, wie lang dieser Satz ist.

Das ist auch etwas abhängig von Deinem Schreibstil. Einer meiner Lieblingsanfänge ist zwar etwas old school, aber der zieht einfach!

Er ist von Frank Kafka aus seinem Buch „Die Verwandlung":

„Als Gregor Samsa eines Morgens aus unruhigen Träumen erwachte, fand er sich in seinem Bett zu einem ungeheueren Ungeziefer verwandelt."

Das ist schon der Hammer oder? Da bleibt einem glatt die Spucke weg, weil sofort der Fragenkatalog im Kopf losgeht: Was ist da los? Wieso ist er jetzt einfach so ein Ungeziefer? Und welches überhaupt? Und wer heißt schon Samsa mit Nachnamen? Wo kommt der weg?

Du siehst: je mehr Fragezeichen beim Leser dieses ersten Satzes auftauchen, um so eher ziehst Du ihn/sie/es in den Bann.

Ein anderer wunderschöner erster Satz lasse ich bewusst auf Englisch stehen, weil ich mir gar nicht vorstellen mag, wie der auf Deutsch klingen könnte:

„A few times in my life I've had moments of absolute clarity when for a few brief seconds the silence drowns out the noise and I can feel rather than think, and things seem so sharp and the world seems so fresh."

Du siehst: der ist wesentlich länger, aber es steckt eine derart tiefe Sehnsucht in diesen Worten, dass wir seufzen möchten und den Blick in die Ferne schweifen lassen. Und diese wenigen Sekunden, die André Aciman in seinem Roman „Call me by your name" beschreibt, sind so klar vorstellbar, dass in mir sofort der Wunsch entspringt, ebenfalls so etwas jetzt sofort spüren zu wollen.

Kleiner Tipp:
Lege Dir eine Liste mit ersten Sätzen an, die Du gut findest. Damit entwickelst Du ein Gespür dafür, welche Anfänge Dich ansprechen und welche Formulierungen dafür geeignet sind.

3.1.11. Der Titel

Ich hab mal irgendwo gelesen:

"Wenn Dir nach zehn Sekunden kein passender Titel einfällt, warte bis zum Schluss."

Der Titel einer Geschichte ist nicht elementar wichtig, **aber:**

Passt er nicht zu Deiner Story, kann das den Leser verwirren. *Und diese Verwirrung kann dazu führen, dass dieser Dein nächstes Buch nicht lesen wird.* **Und das wollen wir doch nicht, oder?**

Schaue immer mal bei Amazon oder ähnlichen Buchshops nach, ob es Deinen gewählten Titel nicht bereits gibt.

Ich ändere den Titel sogar häufiger, bis ich mir sicher bin, dass er auch wirklich zu meiner Story passt.

Es lohnt sich auch, Buchtitel-Trends zu beobachten. Es gibt Phasen, da stehen die Leute darauf, nur ein Wort zu benutzen, was dann richtig groß und fett aufs Cover gedonnert wird und manchmal einen ganzen Satz, der klein in einer Ecke steht. ;-)

Auch in der Sprachwahl bist Du beim Titel heutzutage nicht mehr eingeschränkt – je moderner der Inhalt, um so eher kommt etwas Englisches in Frage. ;-)

Ich gebe Dir an dieser Stelle mal eine kleine Liste an die Hand, welche Art von Titel gängig sind, von normal bis exzentrisch in willkürlicher Reihenfolge:

→ „Sick City"

→ „Engelsmorgen"

→ „Spiral"

→ „Darm mit Charme"

→ „Der Dativ ist dem Genitiv sein Tod"

→ „Wir trauen uns"

→ „Dragon Teeth"

→ „Am Arsch vorbei geht auch kein Weg"

→ „Der Rikscha-Fahrer, der das Glück verschenkt"

→ „Wolfgang muss weg"

→ „Es ist nur eine Phase, Hase"

3.1.12. Die Aufteilung

Diesen Punkt habe ich bisher noch bei keinem Blogger gefunden, ich persönlich finde ihn aber alles andere als unerheblich.

Du kannst Deinen Roman einfach in Kapitel aufteilen. Dabei ist komplett Dir überlassen, wieviele es sind: bei meinem Krimi "Anonym" sind es 87.

Ich kenne auch Bücher, die viel weniger haben. Es gibt auch welche, die viel mehr haben.

"Blue Boys" als anderes Beispiel wird keine Kapitel haben. **Das Buch ist in Tage aufgeteilt.** Mittwoch, Donnerstag, Freitag, Samstag, Sonntag

Bei komplexen Stories bietet es sich zusätzlich an, das ganze in einzelne Buchteile abzugrenzen.

Vor kurzem las ich ein Buch, *in dem die Aufteilung nach Orten gewählt war.* Der erste Teil spielte in Frankreich, dann im Iran und so weiter.

Beim vierten Teil von "Dark Love" von Estelle Maskame *wechseln sich die Kapitel in Zeitsprüngen ab:* Gegenwart und fünf Jahre zuvor.

Du kannst auch mit Perspektivwechseln arbeiten, aber das ist nicht zwingend für Anfänger zu empfehlen.

Es gibt unendliche Möglichkeiten. Finde die für Dich und Deinem Roman passende. ;-)

3.2. Das Plotten in vier Akte

Es gibt viele verschiedene Methoden, ein Buch aufzubauen. Du bist der Chef Deiner Handlung und bestimmst, wie Deine Geschichte verlaufen soll.

Das Prinzip des Vier-Akters hat sich bei den Autoren des 21. Jahrhunderts halbwegs durchgesetzt und funktioniert bei der gängigen Belletristik mit am Besten.

Wenn Du etwas komplett Neues erschaffen möchtest, würde ich Dir von diesem System sogar abraten, aber gerade für Einsteiger ist es ein bewehrtes Muster, an dem sich ein Roman zielsicher gestalten lässt.

Akt 1: Die Exposition

Die Anfangsphase dient der Vorstellung der Welt und des Helden.

Falls Dein Roman auf der Erde angesiedelt ist, kannst Du das Thema recht schnell vom Tisch räumen. Lediglich die zeitliche und örtliche Umgebung muss dann noch beschrieben werden.

Denn die Vergangenheit sieht anders aus als die Gegenwart und anders als die Zukunft. Klingt logisch, oder? Ist es auch!

Der Held, sofern Du überhaupt die Heldenreise als Plot benutzt (auch hier bist Du frei in der Entscheidung), kann hier innerhalb einer Szene beschrieben werden.

Ich würde davon abraten, eine seitenlange optische Beschreibung zu gestalten, weil es den Leser schnell langweilen könnte und es spannender zu entdecken ist, wenn die Details erst beim Kennenlernen des Charakters in Erscheinung treten

Wichtig für die Exposition:

Hier legst Du einige der Basics fest, die sich später nicht mehr ändern lassen. Nicht nur **Protagonist** (1.) und die **Location** (3.) werden hier definiert, auch die **Ausgangsbasis** (4.) und die **Fallhöhe** (5.) werden in den ersten 25 Prozent Deines Romans festgelegt.

Und die erste **Perspektive** (9.) ist zu wählen. Und hier eine kleine Warnung:

Die Sichtweise Deines Protagonisten sollte möglichst bestehen bleiben über die komplette Länge Deines Buches! Sonst verwirrst Du den Leser!

Und noch etwas passiert in der Anfangsphase:

Der auslösende Moment beziehungsweise der sogenannte **„Plotpoint".**

Für Deinen Helden muss es einen Grund geben, warum er das Abenteuer überhaupt erst antritt. Der Konflikt, den es zu lösen gilt.

2. Akt: Start des Abenteuers

Der Protagonist entscheidet sich jetzt bewusst für das Abenteuer (vorher wurde er/sie/es ins kalte Wasser geschmissen) und agiert aktiv im Geschehen mit.

Es gilt als Übergang in die nächste Welt, wobei dies durchaus im übertragenden Sinne gedeutet werden darf. Salopp gesagt: der Wechsel vom Alten ins neue Unbekannte.

Falls noch nicht passiert, können hier weitere Figuren und natürlich der Antagonist eingeführt werden.

Auch dieser Teil sollte ungefähr ein Viertel Deines Buches beanspruchen. Das sind aber nur Richtwerte, die nicht auf jedes Manuskript anzuwenden sind.

Akt 3: erster Wendepunkt / the Twist

Der Begriff Twist ist an dieser Stelle meiner Meinung nach etwas irreführend, weil es durchaus erlaubt ist, auch schon vorher so manchen **Plottwist** (8.) einzubauen, um Deiner Story die richtige Würze und Spannung zu verleihen.

Allerdings: ab dem dritten Akt sollte das Tempo erhöht werden. *Hebe das Drama-Potential auf ein neues Level!* Arbeite mit überraschenden Elementen und damit meine ich nicht nur Surprises für den Leser, sondern auch gerne für Deine Figuren.

Auch wenn es Dich wundert: am Ende des dritten Aktes beginnt bereits der **Showdown**! (siehe Kap. 3.1.6.)

Das Finale, in welcher Form auch immer, hält hier seinen Anfang und sollte dementsprechend erst im letzten Akt enden. Der Kampf mit dem Endgegner sollte natürlich sehr vielseitig und spannend gestaltet sein.

Spare nicht an Plottwists, übertreibe es aber auch nicht.

Die richtige Mischung macht's. ;-)

Akt 4: Finale = Auflösung der Konflikte

Je nach gewähltem **Ende** (6.) lösen sich die vorher verwobenen Fäden wieder voneinander. Und das ist gar nicht so einfach, wie es sich anhört!

Es ist halbwegs easy, Deinem Protagonisten so viele Steine wie möglich in den Weg zu legen, **darauf ein Schloss zu bauen nicht ganz so leicht.**

Denn häufig sind es nicht nur sinnbildliche Steine auf einem Weg sondern diffizile Konflikte, dessen Konsequenzen tief gehen können und die passende Lösung nicht immer leicht zu finden ist.

Aber: hier zeigt sich, ob Dein vorher durchdachter Plot aufgeht oder nicht. Tut er das nicht, brauchst Du nicht verzagen. Bevor Du ewig viel Zeit damit vergeudest, Dein vorhandenes Ende zu überarbeiten: schreibe lieber ein Neues! Elemente des alten Skriptes kannst Du dann einfach übernehmen, wenn es passt. ;-)

3.3. Figuren-Entwicklung

Dies ist vielleicht einer der kreativsten Bereiche des Romanschreibens und sollte Dir jede Menge Spaß bereiten. Das Entwickeln von Figuren/Charakteren, wie Du es auch immer nennen möchtest, birgt schier unendliche Möglichkeiten.

Langweilige Stereotypen gilt es natürlich zu vermeiden, denn davon haben wir in der realen Alltagswelt schon genug. Perfektion ist langweilig und nicht gewollt. Je mehr Macken Deine Figuren haben, umso menschlicher (sofern es Menschen sind) kommen sie rüber. Wir sind alle nicht perfekt, **daher fällt es dem Leser viel schwerer, sich in Deinen Protagonisten hineinzuversetzen, wenn dieser keine Fehler hat.**

Und da sind wir auch schon direkt beim Thema:

Was für Figuren gibt es überhaupt in einem Roman?

Bei Kurzgeschichten würde sogar eine Person allein reichen – na, wenn ich so darüber nachdenke, noch nicht einmal das. In einem belletristischen Roman würde ich schon ein paar mehr benutzen. ;-)

Protagonist (1.) und **Antagonist** (2.) habe ich im vorigen Kapitel bereits beschrieben.

Im Normalfall entscheide ich noch zwischen **Neben- und Schlüsselfiguren**. Wie die zu besetzen sind, hängt sehr von Deinem Plot und dem Genre ab.

Bei „Game of Thrones" gibt es allein unzählige Hauptpersonen und Nebenfiguren werden zu Schlüsselfiguren. Aber was meine ich damit überhaupt?

Die ich sehr gerne **„Hot Keys"** nenne, sind Charaktere, die auf dem ersten Blick nicht sonderlich wichtig erscheinen, vielleicht sogar ersetzbar wirken, doch im richtigen Moment sind sie für entscheidende Plottwists verantwortlich.

Ein „Herr der Ringe" ohne Gollum? Undenkbar! Hätte Frodo die Kraft gehabt, das Edelmetall in den Vulkan zu werfen, wenn diese Kreatur ihm nicht den Finger abgebissen hätte? Wahrscheinlich nicht.

3.4. Spritzige Dialoge schreiben

Über diesen Bereich könnte ich ein eigenes Buch schreiben, aber ich bezweifle, dass so etwas Sinn machen würde. Denn gute Dialoge schreiben sich nicht, in dem Du ein Buch darüber liest.

Du musst es **machen!** Immer wieder
– learning by doing!

Wobei: Bücher lesen und Serien und Filme schauen hilft dabei durchaus! Dort lernst Du womöglich von den Besten, wie es geht. Gerade bei Serien lohnt sich das Zuhören, denn die leben davon, dass viel kommuniziert wird.

Für den Leser ist es ein Fest, wenn der verbale Schlagabtausch zwischen Deinen Charakteren richtig zackig ist. Im besten Fall bringt es ein süffisantes Schmunzeln auf die Lippen.

Auch wenn ich es Einsteigern unter normalen Umständen nicht empfehlen würde, erwähne ich es hier der Vollständigkeit halber:

Dialekte machen Deine Figuren noch kantiger. Von Kölsch, Hessisch oder gar Bayerisch, um nur mal drei Deutsche zu nennen. Nutze diese regionalen Eigenarten, um ein paar Zusatzmarotten einzuarbeiten. Ein kleiner morgendlicher Streit, ob es Brötchen oder Semmel heißt, kommt immer gut. ;-)

Ich weiß nicht, wie es bei Dir ist, aber mir kommen direkt Bilder in den Kopf:

Ein Büro mit zwei Kollegen, einer gebürtiger Ostfriese, der andere kommt aus Bayern, beide sitzen in Berlin. Da heißt dieses Gebäckstück wieder anders – und jeden Morgen regen sich beide genau darüber auf.

Aber eben nicht stumpf gegenüber sitzend, denn dann wäre Dein Dialog komplett statisch, ohne Bewegungen, die der Leser sich vorstellen könnte.

Lass den einen Mitarbeiter mit der raschelnden Tüte durch die Tür kommen, während der bereits am Telefon ist. Die Geräusche stören, dann muss noch die Jacke ausgezogen werden und schon sind wir mitten im dicksten Zoff, noch vor der ersten Tasse Kaffee, die noch aus der Maschine gezogen werden muss.

Ich denke, Du verstehst, worauf ich hinauswollte, oder? ;-)

3.5. Konflikte für die Spannung

Ein Konflikt im Büro über die sprachlichen Begriffe beim Frühstück ist ja ganz niedlich und kann von lustig bis richtig hässlich variieren.

Darüber hinaus gibt es aber noch viele Möglichkeiten, Deinen Protagonisten so richtig in die Scheiße zu reiten! ;-)

Klären wir doch erst einmal, welche unterschiedlichen Konflikte es gibt.

Fangen wir direkt mit dem **„Metakonflikt"** an. Dieser entsteht direkt im ersten Akt und stellt den **Plotpoint** dar. Er bestimmt die **Fallhöhe** (5.).

Bei „Game of Thrones" ist beispielsweise der Kampf um den eisernen Stuhl und damit um die Macht aller sieben Reiche der Metakonflikt.

Dazwischen gibt es die, wie ich sie nenne, **„Kapitelkonflikte"**. Denn unsere Tage sind mit Situationen gespickt, die wir nicht eingeplant haben, mit denen wir uns aber trotzdem auseinandersetzen müssen.

Deine Story wird dadurch interessanter, wenn Du in jedes Deiner Kapitel (ob es nur drei oder 300 sind ist dabei unerheblich) mindestens einen dieser Themen hast, mit denen sich Dein Protagonist und/oder die jeweilige Figur herum ärgern muss.

Dabei lohnt es sich, zwischen **„inter- und intrapersonellen Konflikten"** abzuwechseln. Doch was bedeutet das überhaupt?

→ interpersonelle Konflikte sind Schwierigkeiten zwischen zwei Personen, gesellschaftlichen Gruppen, Organisationen oder Staaten

→ intrapersonelle Konflikte sind Probleme mit sich selbst, den Gedanken und Gefühlen, dem Körper

Es ergeben sich für Dich und Deine Geschichte unzählige Möglichkeiten, für mehr Feuer zu sorgen. Nutze Bereiche wie Politik, Psychologie, Soziologie, Ethik, Wirtschaft und Religion, um eine reiche Fülle an Herausforderungen zu generieren, mit denen Deine Figuren klar kommen müssen.

3.6. Wie Du Profi für Plottwists wirst...

Es gibt wohl kaum etwas Schlimmeres, als ein Buch, dessen Ende schon am Anfang erkennbar schien.

Selbst bei einem Happy end sollte der Leser noch in der Lage sein, das Schlimmste zu befürchten. Schließlich will er/sie/es mitfiebern, mithoffen, mitbibbern.

Außerdem sind die heutigen Leser so sehr von den lieben Serien verwöhnt, dass ihnen ein allzu statischer Plot sofort langweilen würde.

Stattdessen baust Du in Deine Handlung jede Menge Irrwege (Nichts anderes bedeutet **Plottwist**), sowohl für Deine Figuren als auch für den Leser.

Gerade Dein Protagonist darf Fehler machen. Er wird wohl kaum automatisch das Richtige machen, denn das wäre viel zu einfach.

Und gerade bei Krimis und Thrillern fühlt es sich für den Leser fast göttlich an, wenn er das Gefühl hat, er hätte das Rätsel bereits gelöst – nur damit Du ihm/ihr den Teppich direkt unter den Füßen wegziehst. ;-)

Und wieder muss ich die Serie „Midnight, Texas" als Beispiel hernehmen:

Ich habe selten in 19 Folgen derart viele Plottwists gesehen. Diese geballte Ladung kann schon mal für Anfänger etwas überfordernd wirkend, mich hat es berauscht, wie eine Achterbahn mit Lichtgeschwindigkeit.

Gerade am Ende einer Episode/Kapitels mit einem sogenannten **Cliffhanger** alle Karten neu zu mischen, bringt richtig viel Spannung in Deinen Roman.

Um den Begriff **Plottwist** noch einmal ganz einfach zu erklären: Das Ende eines guten Witzes ist nichts anderes. ;-) Du führst jemanden ganz nah an eine Klippe heran, schaust mit ihm/ihr sogar noch kurz über den Rand, lächelst, und schubst ihn hinunter! ;-)

Du kannst das üben. **Learning by doing!**
Bei Harry Potter gibt es eine super bildliche Darstellung, wie Du Plottwists üben kannst. Der „Riddikulus"-Zauber zum Vertreiben eines Irrlichts funktioniert nach dem benötigten Prinzip:

Stell Dir das vor, was Dir am meisten Angst macht, schreibe es so detailliert auf, wie nur möglich – und dann mach es lächerlich.

Diese kurze Schreibübung ist auch gern mal als Lückenfüller einsetzbar und bringt Dich gleichzeitig auf neue Ideen. Was auch funktionieren kann:
Nimm Dir einen beliebigen Film und schreibe eine kleine Zusammenfassung, lass das Ende aber offen. Dann schnappst Du Dir den Schluss eines ganz anderen Films und schaust, wie Du beide miteinander verbinden kannst.

Beispiele zum Testen:

Burlesque trifft auf Resident Evil

Rain Man trifft auf Deadpool

Forrest Gump trifft auf Herr der Ringe

Mansfield Park trifft auf Terminator

Moby Dick trifft auf Sharknado

Ich glaub, Du hast das jetzt verstanden, oder? ;-)

4. Finde die Tools, die Du brauchst!

4.1. Das richtige Schreibprogramm für Dich!

Die Zeiten, in denen wir mit einem handschriftlichen Manuskript etwas erreichen konnten, sind vorbei. (Sorry an den „Virginia Woolf-Typ", siehe Kap. 2.2.)

Das digitale Zeitalter gibt uns Autoren zahlreiche neue Möglichkeiten. Mittlerweile wird richtig mächtige Software speziell für uns entwickelt, aber die wenigsten davon sind umsonst.

→ „Papyrus" ist zwar eines der besten Kom-

plettsysteme, Dir wir benutzen können, um von der Idee zum fertigen Manuskript zu gelangen.

Allerdings kostet die Lizenz zur Nutzung 179 €.

Wenn Dein Plan so aussiehst, dass in den nächsten zehn Jahren zwanzig Bücher von Dir geschrieben und veröffentlicht werden sollen, dann wirst Du einen großen Nutzen für diese Software haben.

Solltest Du nur ein Buch schreiben sollen, nutze Dein Money

lieber für etwas anderes. ;-)

→ **„Scrivener"** ist ein vergleichbares Produkt mit jeder Menge Tools, die Dir das Arbeiten erleichtern kann.

Dessen Lizenz kostet derzeit (Stand Mai 2020) 53 €.

Diesen Preis kannst Du Dir wahrscheinlich schon eher leisten.

Aber auch hier bleibt die Frage, ob es effektiv genutzt wird oder nicht.

Es gibt auch ein paar Varianten im „Open Source"-Sektor, die ich leider nicht empfehlen kann. Häufig zu umständlich, liefen nicht stabil oder erfüllten nicht meine Ansprüche.

Um ein Buch zu schreiben, brauchst Du aber kein Profi-Autoren-Equipment.

Theoretisch könntest Du Dein Manuskript auch komplett in den „Windows Editor" hacken (sofern Du Windows User bist).

Aber die Beschränkung im Layouting machen es dann wieder unnötig schwer.

Ich persönlich arbeite gerne mit **„Libre-Office"** - eine Büro-Software, vergleichbar mit der Microsoft-Variante, aber eben kostenlos.

Dort arbeite ich mit einer Buchblock-Vorlage, die ich mir selbst gebastelt habe und die für mich hervorragend  funktioniert. Ich arbeite aber auch schon seit über zehn Jahren mit diesem Programm, von daher kann ich viele Tasten-Kombinationen blind abrufen und damit schnell und sicher agieren.

In der Tabellenkalkulation habe ich Listen mit noch nicht benutzten Vor- und Nachnamen, Listen mit bereits benutzten Figuren und jede Menge Ordner mit Fakten, Beschreibungen und geografischen Details.

Mehr dazu findest Du im Kapitel 10.2.

Letztendlich kann ich Dir nur raten, Dir die verschiedenen Möglichkeiten anzuschauen, auszuprobieren und das für dich richtige Produkt auszuwählen.

Individuelle Ansprüche bedeuten eben auch unterschiedliche Herangehensweisen und ich will mir nicht anmaßen, die vorzuschreiben, mit welcher Software Du arbeiten sollst.

Was ich aber noch empfehlen kann:

Youtube! Zu so ziemlich jeder App gibt es Videos, Reviews und Tutorials, wie Du damit umgehen kannst. Gerade, wenn Du in einem Bereich Probleme hast, lohnt es sich, diesen in der Suchleiste von Youtube einzugeben.

Sehr wahrscheinlich gibt es dazu bereits Hilfen! ;-)

4.2. Beschäftige Dich mit Bildbearbeitung!

Jetzt fragst Du Dich: „Was soll ich denn mit Bildbearbeitung?“ Nun, dass ist leicht erklärt:

Sofern kein Verlag hinter Dir steht, der Deine Kosten übernimmt, liegt es an Dir, die Covergestaltung und das ansprechende Innere Deines Buches zu gestalten.

Du kannst es auch gerne einem Mediendesigner und/oder Grafiker Deines Vertrauens anvertrauen, doch diese werden es sehr wahrscheinlich nicht umsonst machen. Und dann kannst Du mit Kosten im vierstelligen Bereich rechnen.

Oder: Du wirst eben zum Allrounder und meisterst auch diese Hürde. Wie im vorigen Kapitel gibt es auch in diesem Bereich eine fast unendlich wirkende Auswahl an Apps, mit denen Du Deine Kreativität auf ein neues Level heben kannst.

Zum Beispiel kannst Du mit den Produkten von www.adobe.com arbeiten. Die bieten Dir zwar eine ganze Stange an hochprofessionellen Produkten, die Du aber ordentlich bezahlen darfst und die teilweise so kompliziert sind, dass Du dann leider keine Zeit mehr hast, das eigentliche Buch zu schreiben.

Ich gehe hier lieber vom ungefüllten Portemonnaie aus und empfehle Dir daher lieber Folgendes: **„GIMP" - das „GNU Image Manipulation Program".**

Kostenlos und mächtig bietet es Dir eine hochwertige Bildbearbeitung, die kaum Wünsche offen lässt. Okay, auf den ersten Blick sieht es nicht gerade einfach aus und es wird Dich schon etwas Zeit und Schweiß kosten, tolle Effekte zu zaubern.

Aber sofern Du lernfähig bist, wirst Du begeistert sein, welche Möglichkeiten sich damit bieten.

Dir ein kostenloses Konto bei www.pixabay.com anzulegen, kann ich auch nur empfehlen. Diese Plattform bietet nicht nur Dir die Möglichkeit, Deine Bildkompositionen hochzuladen und anderen Usern zur Verfügung zu stellen.

Viele andere vor Dir haben bereits genau dies getan und gestatten Dir die Option, lizenzfrei mit ihren Bildern weiter zu arbeiten. Du wirst Dich wundern, was für kreative Köpfe sich dort tummeln. ;-)

Aber es gibt noch mehr zu entdecken...

4.3. Werde ein Freund von Scribus...

Ich hoffe, Du fühlst dich noch nicht überfordert und kannst mir noch so halbwegs folgen. Mir ist bewusst, dass ich Dir relativ viel Input gebe und Du Zeit brauchen wirst, dass neu gewonnene Wissen zu verarbeiten und umzusetzen.

Lass Dich von mir bitte nicht stressen! Du kannst dieses Buch jederzeit wieder zur Hand nehmen, Passagen nachlesen, benutze gerne Marker und streiche Dir für dich wichtige Stellen an.

Falls die **Open-Source Software „Scribus"** noch nicht in Deiner Freundesliste auftaucht, ist das gar kein Problem. Sooo bekannt ist das Programm dann doch nicht – aber es ist mächtig und äußerst effektiv, wenn es darum geht, Deinen Buchumschlag zu gestalten!

Du benötigst eine Datei mit der Rückseite, dem Buchrücken (das schmale Stück in der Mitte) und dem Cover. Es ist im übertragenen Sinne ein Tryptichon, welches Du zu einer ganzheitlichen Komposition gestalten kannst. Die richtigen Maße findest Du im nächsten Kapitel, hier will ich Dir näher bringen, welche Möglichkeiten dich erwarten:

Scribus ist fürs **Layouting** entwickelt – vom Flyer über Plakate für Deine zukünftigen Lesungen, Programmhefte, Dein eigener Merchandise-Kalender bis eben hin zu Deinem Buch-Umschlag, der so gestaltet ist, wie Du Dir das vorstellst. Dir redet keiner hinein, die Rechte bleiben komplett bei Dir und wenn dann jemand meckert, kannst Du Dich zurücklehnen und gechillt sagen:

„Mach es besser und dann reden wir nochmal, okay?" Dann werden die Besserwisser ganz schnell verstummen. Es ist nämlich einfach, jemanden zu kritisieren, aber das Designen eines Buchumschlags ist eine kleine Ecke schwieriger.

Die gängigste Methode ist heutzutage (Stand Mai 2020), **ein durchlaufendes Farbmotiv zu haben.**

Was das bedeutet?

Die Farben und Muster auf dem Cover spiegeln sich auf der Rückseite wieder, lediglich der Rücken kann einen Bruch darstellen. Bei meinen eigenen Büchern zum Beispiel sind diese grundsätzlich schwarz mit weißer

Schrift. Ich wollte das gerne einheitlich haben, dass wenn sie nebeneinander stehen, sie sofort als meine erkennbar sind.

Überhaupt sollten Farben und Muster zum Thema des Buches passen. Wobei der Bezug zum Inhalt nicht zwingend direkt ersichtlich sein muss. Du kannst Dein Cover auch so gestalten, dass erst durch das Lesen des Romans deutlich wird, warum Du das jeweilige Bild auf die Vorderseite gedruckt hast.

Bei einem Krimi oder Thriller kannst Du sogar sogenannte **„Easter eggs"** implementieren. Diese versteckten Gimmicks können zum Beispiel einen Hinweis auf den Täter geben oder einen Tipp zum Tatmotiv herstellen. ;-)

Du kannst gerne schauen, wo Du Zeit einsparen kannst, aber bitte bitte nicht bei der Gestaltung Deines Covers! Vergiss nicht – die Auswahl eines Buches ist wie das Wählen eines Gerichts beim Candle-Light-Dinner:

Das Auge ist mit! Und es wird für den potentiellen Leser der erste Eindruck sein, den er von Deinem Roman erhält. Soll Dein Roman in einer Vitrine wertgeschätzt werden oder unterm Tischbein liegen, um den schiefen Boden auszugleichen?

Hier mal ein paar grundlegende Feststellungen:

1. Der Titel des Buches sollte größer sein als Dein Name! Vermeide zu viele verschiedene Schriftarten – auch hier gelten die gängigen Layout-Regeln: auf keinen Fall mehr als drei – lieber zwei, wenn überhaupt mehr als eine. ;-)

2. Ob Dein Name oben, unten, diagonal oder hochkant drauf stehst, ist scheißegal – Hauptsache er ist drauf!

3. Achte darauf, dass beim Buchrücken Name und Titel mittig sind, sonst wirkt es unprofessionell.

4. Halte dich bei der Farbmenge zurück – ins Auge stechen: ja! Augenkrebs verursachen: nein! Harmonisch, kann auch schrill sein, aber bitte nicht überdreht – es sei denn, Dein Buch ist auch überdreht. Es muss halt passen. ;-)

5. Achte beim Klappentext darauf, dass es lesbar ist! Schwarze Schrift auf dunkelblauem Hintergrund verschwindet – da fehlt der Kontrast. Je dunkler Deine Farbwahl, um so heller muss

Deine Schrift sein.

6. Auf die Rückseite muss der ISBN-Code gedruckt sein, der jeweilige Verlag und der Preis Deines Buches.

7. Je mehr Seiten Dein Buch hat, um so breiter muss Dein Buchrücken sein! Damit ändern sich die Maße der Breite, während die Höhe konstant bleibt.

Wenn Du mit Scribus anfängst, darfst Du dich nicht davor scheuen, mit den vielen Funktionen zu spielen. Probiere so viel aus wie möglich!

Die Taste „F2" für die Eigenschaften eines Objekts wird sehr häufig benutzt. Ebenso wie „Strg + I" für das Laden von Images, „Strg + T" für den Texteditor und natürlich ganz viele Male „Strg + Z" - fürs Rückgängig machen. ;-)

Ich empfehle vor allem gerne die Kombination aus GIMP und Scribus, weil GIMP super ist, um die bildliche Vorarbeit zu erledigen und dann Scribus für das ganzheitliche Layout übernimmt.

Auch hier bleib ich einem meiner Lieblingsmantras treu:

Learning by doing!

Also los geht's – herunterladen, installieren und kreativ werden!

5. Gestalte Dein Buchprojekt!

5.1. Wie muss die Form Deines Buches sein?

Hier gibt es kein Richtig oder Falsch.

Aber:

Wenn Du mit Scribus arbeitest und später Dein Manuskript mit **BoD** veröffentlichst, bietet sich meiner Meinung nach DIN A5 an. Es gibt verschiedene Formate, die Du nutzen kannst, diese Größe ist aber sowohl für den Leser sehr angenehm, als auch für Deine Kosten.

Für den Umschlag brauchst Du eine Datei, die links den Klappentext beherbergt, den Buchrücken in der Mitte hat und auf der rechten Seite befindet sich das Cover.

Folgende Maße haben sich bei mir bewährt:

Breite: 318 mm. Höhe: 220 mm.

Ein entsprechender Buchblock bei LibreOffice benötigt folgende Maße:

Breite: 158 mm. Höhe: 220 mm.

Dabei sind dann die Schnittkanten direkt mit eingerechnet.

Darum musst Du Dir dann keine Gedanken mehr machen.

Bei den Seitenrändern darf nicht gespart werden. Natürlich muss Dir bewusst sein, dass jede weitere Seite unter Umständen höhere Produktionskosten verursacht. **Aber bitte bedenke die Lesbarkeit für den Enduser!**

Es soll ja auch optisch ansprechend wirken. Es ist völlig okay, wenn nicht jede Seite bis zum letzten Millimeter voll beschrieben ist. Der Leser braucht ja auch mal kleinere Verschnaufpausen.

Ein paar Dinge werden dann aber doch als Standards angesehen, die für eine reibungslose Veröffentlichung in Deinem Buchblock enthalten sein sollten:

Auf dem Cover sollte sich der Name des Autors (unter Umständen auch ein Pseudonym) und der Titel des Buches befinden. Das Genre würde ich auch irgendwie unterbringen, weil es dem Leser klar deklariert, welchen Inhalt er/sie/es zu erwarten hat.

Der Verlag (sofern einer eine Rolle spielt) kann vorne auf dem

Cover sein. Der eine oder andere besteht vielleicht sogar darauf. Ansonsten wäre dies optional.

Auf der Rückseite sollte sich ein Klappentext (dazu kommen wir im nächsten Kapitel 5.2.) befinden, dort sollte dann auf jeden Fall der Verlag symbolisch implementiert werden und was ganz wichtig ist: Die ISBN-Nummer und der Preis Deines Buches.

Wenn Du Dein Buch über „Books on Demand" (BoD) veröffentlichen willst, ist das mit der ISBN ziemlich easy. Wenn Du in deren Portal ein neues Projekt beginnst, erhältst Du automatisch eine ISBN als .jpeg, die Du abspeichern kannst.

Falls es noch unklar sein sollte: Der „Buchblock" beinhaltet alles, was sich zwischen dem Cover und der Rückseite befindet. Und da wären wir auch schon bei den inhaltlichen Elementen, auf die Du nicht verzichten solltest:

Die obligatorische **Schmutzseite** schützt Dein eigentliches Manuskript. Meistens steht dort nichts Spannendes, aber natürlich kannst Du auch diese Seite nutzen. Zusätzlich zum Titel, Untertitel, Genre und Deinem Namen kannst Du ein zum Inhalt passendes Bild abdrucken lassen. Häufig wird noch etwas „zum Buch" erzählt und/oder zum Autor.

Die **Rechte-Erklärung** ist ebenfalls ein wesentlicher Bestandteil und schützt sowohl Dich als Urheber als auch den Verlag vor Unannehmlichkeiten. Eine Passage, die ich vor Urzeiten mal in einem Buch gefunden habe, drucke ich bei mir immer mit ab, um mich vor möglichen Anzeigen zu schützen. Gerade, wenn Deine Geschichte in Deinem Wohnort spielen sollte, kann es gerne passieren, dass jemand denkt, eine bestimmte Figur wäre jemandem aus Deinem direkten Umfeld auf den Leib geschrieben.

Mit dieser Passage bist Du dann aus dem Schneider und machst Dich weniger angreifbar.

„Auch wenn dieser Roman größtenteils in einer realen Kulisse angesiedelt ist, sind die Handlung und die Personen frei erfunden. Ähnlichkeiten mit lebenden Personen und Organisationen wären rein zufällig und nicht beabsichtigt."

Wenn Du Deinen Buchblock anlegst, **vergiss bitte nicht die Seitenzahlen.** Sie sind zwar nicht überlebenswichtig, aber der Leser möchte sich gerne die Nummer der Seite merken, falls er es doch nicht schafft, Dein Werk in einem Stück zu lesen. ;-) Die Menge Deiner Seiten muss übrigens durch 4 teilbar sein!

Falls Du am Ende eine Zahl erreichst, die nicht durch vier teilbar ist, solltest Du noch eine Seite hinzufügen, die Du noch zusätzlich nutzen kannst.

Dann gibt es noch jede Menge optionaler Möglichkeiten, die wir an dieser Stelle auch kurz durchgehen wollen:

1. Die Widmung

Es findet sich nicht in jedem Roman, doch falls es eine Person gab, die Dich beim Schreiben besonders unterstützt und/oder inspiriert hat, wäre es eine nette Geste, die gut formuliert sogar zu Tränen rühren kann.

2. Danksagung

Auch wenn es nicht unmöglich scheint, ein Buch komplett allein fertigzustellen, sieht die Realität meistens anders aus. Häufig genug gibt es eine ganze Reihe Leute, die daran beteiligt sind. Und diesen lieben Menschen sollten wir einen Dank aussprechen.

3. Vorwort/Nachwort

Dieser kurze Text vor dem eigentlichen Manuskript kann vom

Autor sein, muss aber nicht. Vielleicht gibt es jemand anderen, der etwas Wichtiges zu Deinem Werk zu sagen hat. Gleiches kann auch nach Deinem Roman geschehen.

4. Prolog/Epilog

Von der Begrifflichkeit fast gleichzusetzen mit 3. nutzen Autoren den Prolog gerne anders: Darin landet **eine Story**, die Deiner Heldenreise vorgeschaltet ist bzw. vielleicht auch während Deiner Heldenreise passiert, aber **in Deiner Handlung nicht explizit drin vorkommt.** Der Leser braucht aber diese Informationen, um beispielsweise zu verstehen, warum es überhaupt zum Abenteuer kommt wie es kommt. ;-)

Der Epilog, nach dem Ende Deiner Heldenreise, gibt häufig einen Ausblick, was in der Zukunft passiert. Es kann auch einen Ausblick auf eine mögliche Fortsetzung geben. Oder es ist ein Kommentar zum Abenteuer aus der Perspektive einer Figur, die im Buch nicht direkt vorkam. Da gibt es viele Möglichkeiten.

5. Inhaltsverzeichnis

Ein Sachbuch kommt nicht drum herum. Bei einer Text-Sammlung (der sogenannten „Anthologie") würde ich diese auch empfehlen.

Bei einem Roman ist ein Inhaltsverzeichnis eher die Ausnahme von der Regel. Ich meine mich aber zu erinnern, auch dort einen groben Überblick schon einmal gefunden zu haben.

Bei einem Drehbuch oder einem Theaterstück solltest Du die einzelnen Charaktere auflisten und kurz beschreiben. Falls Du einen Fantasy-Roman schreibst, der in einer fremden Welt spielst, ist der Leser unter Umständen für eine Landkarte dankbar, um sich im Abenteuer zurechtzufinden.

6. Kurzbiografie des Autors (+ Foto)

Auch dieser Punkt ist optional, kann aber schlau genutzt werden: Die Kurzbiografie kann wirklich kurz gehalten werden, bietet aber die Möglichkeit, auf andere Werke von Dir hinzuweisen. Dort kannst Du einen Link zu Deiner Website abdrucken und/oder einen Hinweis zum Online-Shop geben, der Deine Merchandise-Produkte verkauft. ;-)

Gestalte Dein Buch optisch so ansprechend wie möglich, vermeide aber übertriebenen Schnickschnack.

Habe keine Angst vor einer leeren Seite! Du musst nicht jedes Blatt unnötig voll packen. **Qualität vor Quantität.**

5.2. Dein Titel und der Klappentext im Einklang!

Über den Titel selbst haben wir schon in Kapitel 2.11. gesprochen. Ob Dein Roman nun knapp und kurz „Akut" oder „Der Hundertjährige, der aus dem Fenster sprang und verschwand" heißt, ist an dieser Stelle irrelevant. **Denn Du musst Dir vor Augen führen, wie der Kunde beim Buchkauf agiert:**

Wenn es gut läuft, steht Dein Buch so, dass Dein potentieller Leser das Cover mit dem Titel sehen kann. Wird er davon angezogen, wird er es in die Hand nehmen – und wenn er/sie/ es dann neugierig ist, wird Dein Werk umgedreht werden – und da kommt der Klappentext ins Spiel!

Ist das, was der mögliche Leser dort zu sehen und zu lesen bekommt, interessant und spannend genug, wird er/sie/es das Buch aufschlagen und dann endlich den ersten Satz lesen, der zum Kauf führen soll.

Es ist also mega wichtig, wie die Rückseite gestaltet ist! Du kannst Deine Außengestaltung natürlich von Profis designen lassen – das kostet aber richtig viel Kohle. Die wir Autoren gerade am Anfang selten haben.

Zum Klappentext daher mal ein paar Richtlinien:

→ Halte das Intervall von 10-18 Zeilen ein!

→ Schlagwörter in größerer Schrift ziehen den Blick auf sich!

→ Dein Plot muss so präzise und knackig wiedergegeben sein, dass der Leser in spe richtig Bock hat, mehr davon zu erfahren

→ Wenn sich die Chance ergibt, versuche positiven Zuspruch von renommierten Leuten zu kriegen, die Du abdrucken darfst

→ Die farbliche Gestaltung inklusive Schriftarten sollten in direkter Harmonie zum Cover stehen!

→ Fließtext ist der gängige Weg, ist aber kein Muss – werde kreativ und überrasche die Leute!

Auch hier verweise ich wieder auf die Hilfe Deiner direkten Mitmenschen – eventuell sind sie ja auch potentieller Leser und wissen daher, was sie anspricht und was nicht.

Bastele verschiedene Versionen mit verschiedenen Layouts und Schwerpunkten und hole Dir das direkte Feedback. Denn nicht selten empfindet der Kunde anders als wir Autoren. ;-)

Ist ja auch alles eine Frage des haptischen Vergnügens...

5.3. Hardcover oder Paperback...

Über dieses Thema streitet die Literaturwelt, schon seit es nicht mehr notwendig war, ein in Tierleder gebundenen Buch zu gestalten.

Natürlich sieht ein Buch mit dem harten Cover hochwertig aus. Es bleibt aber bei der optischen Qualität, denn es sagt nichts darüber aus, ob der Inhalt des Buches mithalten kann. Und es treibt die Kosten Deines Werkes in die Höhe.

Die flexible Papphülle reduziert den Preis, sowohl in der Herstellung als auch am Ende für den potentiellen Kunden. Dafür grabbelt sich das Material schneller ab und sieht dann eben „benutzt" aus.

Das Taschenbuch, wie wir es heutzutage in den Läden finden, ist Paperback. Es gibt noch ein paar old school Autoren, die darauf beharren, dass ihr Roman zuerst als Hardcover erscheint und erst nachträglich im Paperback in zweiter Auflage herauskommt.

Entscheide selbst, was sich für dich richtig anfühlt und was letztendlich Dein Budget zulässt. ;-)

6. Erschaffe den Dir passenden Rahmen!

6.1. Nur das Eine oder dürfen es noch mehr sein?

In Kapitel 4.1. ging es darum, mit welchem Schreibprogramm Du am besten arbeiten kannst. Hier betrachten wir dieses Thema noch einmal ganzheitlicher, um nicht zu sagen philosophischer.

Die Grundidee des Buches sollte sein, Dir dabei zu helfen, ein Buch zu schreiben. Vielleicht hast Du Dir vorgenommen, Deine Familiengeschichte aufzuschreiben, Deine eigene Biografie oder Du trägst schon seit Jahren eine Romanidee mit Dir herum, die Dir im Traum erschienen ist.

Egal, welcher Ansatz Dich hierher geführt hat, Du bist Deinem Ziel jetzt schon ein ganzes Stück näher gerückt! Du hast Dich mit Deinen eigenen Stärken und Schwächen auseinander gesetzt, welche Voraussetzungen an Deine Umgebung Du benötigst, um gut schreiben zu können – und Du hast die Werkzeuge betrachtet, die Deinen Rohdiamanten eines Romans zu einem richtigen Schmuckstück machen.

Daher nun die Frage des Kapitels: reicht es Dir, nur das Eine zu schreiben oder hast Du jetzt schon Lust auf mehr bekommen?

In Ostfriesland gilt ein eingebrannter Trinkspruch: **„Auf einem Bein kann man nicht stehen!"**

Das ließe sich durchaus auch aufs Schreiben übertragen: wenn das eine Buch super geklappt hat, warum nicht noch eins schreiben?

Du hast bestimmt noch mehr zu erzählen! Und wenn nicht, ist das auch völlig in Ordnung. Ich werde an dieser Stelle niemanden überreden, professioneller Autor zu werden. Nur finde ich es halt manchmal schade, wenn ich sehe, wieviel Potential manche Leute haben und es überhaupt nicht nutzen.

Stattdessen bringt mich die einseitige Auswahl in den Buchläden regelmäßig zum Seufzen. Es ist zwar die Masse vorhanden, aber nur wenig, dass herausragt. Und neue Ideen schon mal so gut wie gar nicht.

Vielleicht schreien jetzt einige auf und sagen: „Stimmt ja gar nicht!" Aber ich bin mir relativ sicher, dass es sich dabei um hellhäutige heteronormative Stimmen handelt, die im binären System leben. Die können sich nicht beschweren, stimmt.

Aber wo bleiben die anderen?

Ich appelliere daher an Dich, nicht nur bei einem Buch zu bleiben, wenn Du eine Message hast, die die Welt hören sollte. Wenn Du eine Meinung vertrittst, die nicht der Mehrheit entspricht.

Dann erhebe Deine Stimme und melde Dich zu Wort! Nutze die Magie Deiner Geschichten, um die Welt ein Stück weit besser zu machen!

Ich glaube an Dich und Deinen Roman. Jetzt liegt es an Dir, an Dich zu glauben und Dein Manuskript in die Welt hinaus zu tragen.

Mach Dich bereit auf Dein eigenes Abenteuer! **Und denke daran:** Wenn Du Steine auf Deinem Weg findest, sammle sie auf und baue eine Burg daraus! ;-)

6.2. Vielleicht doch lieber mit Verlag?

Das Buch ist so konzipiert, dass Du mit den erlernten Tools Deinen Roman komplett im Alleingang bewältigen kannst. Doch natürlich ist das nicht für jeden der geeignete Weg, denn mit Worten jonglieren ist etwas anderes als die Gestaltung eines Covers.

Wir können nicht alle Allrounder sein und auch wenn so mancher gerne möchte: **Mediendesigner sind nicht unbedingt Autoren und umgekehrt.**

Diese Arbeitsschritte kannst Du natürlich abgeben. Du kannst einen Lektor bezahlen, der Dein Manuskript korrigiert und Dir Deine Fehler aufzeigt und dich unterstützt, Deinen Plot auf das nächste Level zu hieven.

Die kosten aber gerne mal **60 € pro Seite.** Wenn Du einen 300-Seiten-Roman geschrieben hast, kannst Du Dir das gerne selbst ausrechnen. Vergiss dann aber bitte nicht zu atmen! ;-)

An einen Verlag kommst Du am besten mit einem **Literatur-Agenten** heran. Es ist so gut wie unmöglich, mit einem **Exposé und den ersten Probeseiten** direkt an einen Verlag zu gelangen, weil diese unaufgeforderte Manuskripte gar nicht erst lesen! Wenn Du Glück haben solltest, landen die bei einem Praktikanten aufm Tisch, der dann durch Zufall einen Blick darauf wirft und es gut findet. Bis der aber in der Lage ist, an eine verantwortliche Person heranzutreten, die ihm/ihr zuhört, vergeht einiges an Zeit.

Die Agentur sucht im Normalfall auch nicht nach neuen Autoren, aber die machen sich wenigstens die Mühe, zumindest Dein Exposé zu überfliegen. Das kann aber je nach Agentur **locker ein halbes Jahr dauern**. Und auch dann gibt es keine Garantie, dass sie mit Dir zusammenarbeiten wollen. Von daher ist das ein sehr langwieriger Prozess.
Ich sage an dieser Stelle nicht, dass es nicht klappen kann! **Verliere bitte nicht die Hoffnung und vor allem nicht den Glauben an Deine Geschichte!**

Das Selfpublishing beziehungsweise die Zusammenarbeit mit BoD geht um einiges schneller. Nach dem erfolgreichen Hochladen bei Books on Demand kann Dein Roman **in vier Wochen bestellbar** bei jedem Großbuchhändler sein und bei Amazon weltweit zum Download stehen.

Der einzige Haken: Für dich macht keiner Werbung. **Es liegt**

also an Dir, der Welt zu erzählen, dass es Dein Buch ab jetzt zu kaufen gibt!

Du kannst Dir auch einen **Sponsor** suchen, mit dem Du zusammen arbeitest, in dem Du Werbung von denen in Deinem Buch mit abdruckst und dafür bekommst Du die Kohle für die Werbung und/oder die machen Werbung für Dich.

Du kannst Dir eine **„Lesereise"** organisieren, in dem Du in vielen verschiedenen Orten und Städten Lesungen veranstaltest und dort Dein Buch vorstellst. Dafür solltest Du auch einen guten Stapel an Büchern dabei haben, damit Du sie beim direkten Verkauf gleich signieren kannst. Die Leute lieben das!

Die Hauptwerbung gestaltet sich aber übers **Online-Marketing**. Du solltest dich also mit **Social Media** vertraut machen, Dir entsprechende Accounts zulegen, falls Du sie noch nicht hast und **überlegen, wie Du Dich nach außen hin präsentieren willst.**

Let's get the party started! ;-)

6.3. Als Autor selbstständig sein...

Der Sprung in die Selbstständigkeit ist für viele Autoren ein Traum, der ein Traum bleibt.

Ich werde Dir hier nichts vorlügen. Das Business ist hart und wenn Du richtig viel Geld verdienen willst, gibt es Branchen, in denen das um ein Vielfaches leichter umzusetzen ist.

Gerade am Anfang würde ich Dir raten, Deinen Job (sofern Du einen hast) auf jeden Fall zu behalten! Es sei denn, Du findest eine Alternative, die Deinen Schreiben zugute kommt.

Du kannst Deinen Job aufgeben, wenn Du den nächsten „Harry Potter" erfunden hast. Oder Du mit Deiner Geschichte „Game of Thrones" überbieten kannst. Dann kann es unter Umständen passieren, dass Dir das Geld hinterher geschmissen wird. Darauf bauen würde ich allerdings nicht.

Genau so vorsichtig wäre ich mit dem Traum des Bestsellers. Denn ein Bestseller ist in meinem Augen nicht viel besser als ein Hollywood Blockbuster – er **spricht die breite Masse an**. Im Klartext bedeutet das aber häufig: Weichspülprogramm! Ich könnte an dieser Stelle jetzt einiges über die breite Masse sagen, verkneife es mir aber lieber. Das kannst Du in meinem

Blog www.toshisworld.blogspot.com nachlesen. Da ist das besser aufgehoben, weil es dort direkt weltweit gelesen werden kann. ;-)

Als Selbstständiger musst Du dich selbst krankenversichern und einige andere Faktoren eben selbst organisieren. Du musst Dir dann sicher sein, dass Du **mit Deinen Umsätzen auch Deine Fixkosten decken kannst und es Dir noch zusätzlich Geld zum Leben über lässt**.

Wenn das Schreiben von Büchern wirklich Deine Passion ist, kann dieser Traum irgendwann Wirklichkeit werden. Mit Fleiß, viel harter Arbeit und jeder Menge Disziplin plus Durchhaltevermögen.

Konzentriere dich vorerst auf Dein Buch und stecke die Energie dort hinein, bevor Du Dich verrennst. Verliere die Ziele der Zukunft nicht aus den Augen, aber fokussiere Dich auf das Jetzt und Hier.

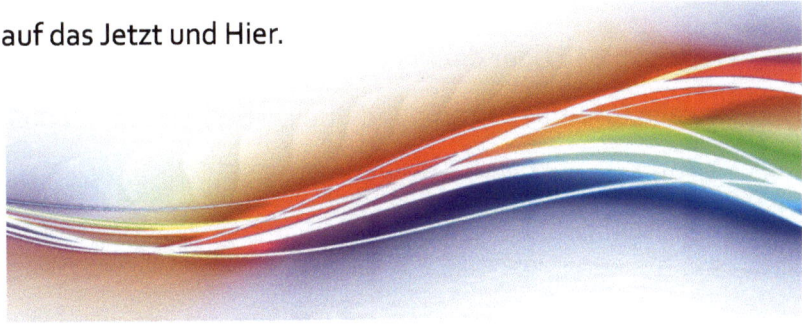

7. Organisiere Deinen Marketingplan!

7.1. Was gibt Dein Budget her?

Gute Werbung mit einer breit gefächerten Reichweite ist selten umsonst und will gut geplant sein.

Falls Du nicht bereits vor der Idee, ein Buch zu schreiben, über beachtliche Rücklagen verfügst, solltest Du Dir einen genauen Plan machen, wie Du die Aufmerksamkeit am besten auf Deinen Roman lenken kannst.

Mein kleines Heldenziel war und/oder ist es noch immer, irgendwann einen Roman zu schreiben, der in der ZDF-Sendung „Das literarische Quartett" vorgestellt wird. Als dieser Wunsch bei mir aufkam, lebte der wunderbar polarisierende Marcel Reich-Ranicky noch und ich war erfreut darüber, mit welcher Leidenschaft er ein Buch in den Himmel loben oder direkt in die Hölle verbannen konnte. Mittlerweile führt die Autorin und Publizistin Thea Dorn durch diese Sendung, die leider etwas in Vergessenheit geraten ist, ohne deren Qualität eingebüßt zu haben.

Wer in dieser Sendung in den 1990iger Jahren vorgestellt wurde, galt als etabliert. Dann hatte man es als Autor geschafft.

Heutzutage gilt es eher, die Amazon-Bestseller-Liste zu erklimmen. Und als Autor etabliert gelten wir erst dann, wenn wir den Vertrag für die Netflix-Serie vor uns liegen haben, die auf unseren Roman basiert.

Einen Instagram-Account solltest Du auf jeden Fall haben. Dort ist nicht nur die halbe Welt versammelt, sondern dort sind auch gerade die **Buch-Influencer** vertreten, die mit **Reviews für dich Werbung machen können.**
Außerdem kannst mit Deinen Postings dort aktiv Werbung machen. Du brauchst **einen Business-Account**, den Du Dir kostenlos zulegen kannst und los geht es. Die Kosten dafür halten sich sehr in Grenzen. Mit zwei Euro pro Tag bist Du schon dabei, wobei Du mehr Leute erreichst, je höher Dein Einsatz ist. ;-)

Du kannst Dich bei www.lovelybooks.de bewerben, um eine Buchbesprechung zu bekommen! Auch das kostet nichts. Die Website ist von Lesern für Leser und hat auch wöchentliche

Buch-Charts.

Darüber hinaus kannst Du versuchen, dass **ein regionaler Radio-Sender** für Dich Werbung macht. Das kann mit Kosten verbunden sein, muss aber nicht. Das kommt vielleicht ein wenig auf Deine Connections an und/oder auf die Qualität Deines Buches. ;-)

Lesungen in Buchhandlungen sind ein gutes Werbemittel. Auch dort musst Du Dich mit Deinem Roman vorstellen, aber im Normalfall sind die dankbar für neue frische Gesichter und dort kannst Du sicher sein, auf lesewillige Kunden zu treffen. **Auch dies sollte nichts kosten.** Im Gegenteil.

Du kannst Dir auch **eine eigene Website** basteln (oder basteln lassen), für die Du auf mehreren Plattformen Hinweise setzen kannst und auf der Du Deine neusten Infos zu weiteren Projekten teilst.

Das sind alles günstige Ideen. Du kannst natürlich auch eine Plakat-Werbung in New York am Times Square schalten. Da liegst Du wahrscheinlich um die 10.000 $.

Bei einer Werbe-Anzeige in der regionalen Zeitung liegst Du im Schnitt bei 300-500 Euro, aber auch wenn die Zahl erst einmal abschreckt, **bedenke dabei immer die Reichweite an Werbung!**

Auch bei **Youtube** gibt es viele Influencer, die Book-Reviews machen. Einfach frech antickern und nachfragen. Mehr als Nein sagen können sie nicht und **wenn Du gar nicht erst fragst, hast Du selbst Nein gesagt. ;-)**

Old school, aber effektiv: **Flyer verteilen**. Kurze Infos drauf: Bild vom Buch, kurzer Handlungs-Abriss und wo sie das Buch bestellen können. Damit bewaffnet in die Innenstadt stellen und los gehts. Oder **nutze den Einzelhandel vor Ort** – wenn die dich kennen, sind die gerne bereit, Deine Flyer auszulegen. Die kennen ihre Kunden genau und wissen, wer liest und wer nicht. Die können dann gezielt für Dich Werbung machen – und das machen die sogar gerne.

Und natürlich last but not least, die gute alte Mund-Propaganda. Erzähle den Leuten in Deinem Umfeld davon, dass Du ein Buch geschrieben hast. Bitte sie darum, dass ebenfalls weiter zu erzählen. Vielleicht hast Du Glück und jemand bietet sich freiwillig an, es zu lesen. Das Schneeball-Prinzip ist sehr effektiv!

7.2. Wie Du Social Media richtig nutzen kannst!

Vielleicht sollten wir erst einmal kurz klären, was **„Social media"** überhaupt bist. Es ist ein modernes Schlagwort, das sehr inflationär benutzt wird, ohne deren Bedeutung zu kennen.

Es geht um die online Medien, in denen wir Inhalte vermehren können und anderen Menschen die Möglichkeit geben, darüber zu sprechen, wobei Sender und Empfänger auf der gleichen Ebene stehen.

Mit Social Media ist immer die Gesamtheit der zur Verfügung stehenden Plattformen gemeint. Dazu zählen im Allgemeinen vorrangig **Facebook, Instagram, Pinterest, Twitter, Whatsapp** und viele viele mehr.

Es geht in diesem Kapitel nicht darum, dass Du Dich bei allen Portalen anmelden sollst und dort richtig aktiv wirst. Social Media ist ein Zeitfresser und es geht eher darum, wie Du das richtige Maß findest, ohne Deine Zeit fürs Schreiben zu verdaddeln.

Falls Du nicht schon jetzt dort sehr aktiv bist, sollte Facebook und Instagram völlig ausreichend sein. Die beiden haben den Vorteil, dass Du eigene Beiträge über Insta gleichzeitig auf mehrere Portale hochladen kannst (Facebook, Twitter und **Tumblr**).

Die meisten Leute erreichst Du, wenn Du entweder morgens und/oder abends neuen **Content** (Inhalt) in den Raum wirfst. Dafür nutze ich gerne die App „**Text on Photo**", die auch so einfach ist, wie sie heißt (und kostenlos ist).

Du nimmst ein Bild, kann von Dir oder auch von Pixabay sein und legst darüber den passenden Text, kannst die Schriftart anpassen, Farben, die Winkel und damit richtig schöne und anregende Beiträge gestalten.

Schreibe auch immer eine Kleinigkeit zum Bild, denn damit gibst Du potentiellen Lesern die Möglichkeit, einen Blick auf Deinen Schreibstil werfen zu können.

Und ganz wichtig: um die richtige Reichweite zu generieren, brauchst Du 15 **Hashtags**, wie zum Beispiel #writerslife, #writersociety, #writeruniverse. Es muss eben dann auch zu Deinem Buch passen.

Ich kann Dir nur raten, Dir mal gut zwei Stunden Zeit zu nehmen und Dir eine Liste anzulegen, mit allen Hashtags, die zu Dir passen. Denn es ist von Vorteil, wenn Du eine ausgewogene Mischung anbieten kannst:

Es gibt jede Menge Begriffe, wie zum Beispiel #novel, der fast vier Millionen Beiträge umfasst und es gibt auch wesentlich kleinere Beiträge, die den Vorteil haben, dass Du mit Deinem Post auf der Startseite des Hashtags landest und damit mehr Reichweite generierst, als mit den viel größeren Nummern.

Ich weiß, dass ist eine hoch komplexe Geschichte und ich bin schon froh, dass ich das so easy herunterbrechen konnte! Es ist aber wichtig, diese Medien richtig zu nutzen, wenn Du schnell und gezielt Ergebnisse sehen willst.

Bei Facebook gibt es Unmengen an Gruppen, die sich um Literatur und Bücher drehen. Ich kann nur raten, auch dort einigen beizutreten, weil diese Communities sehr stark sind, ständig im Austausch stehen und dementsprechend auch gerne bereit sein könnten, über Deinen Roman zu sprechen. Je mehr Leute von Deinem Buch wissen, um so mehr Leute könnten es kaufen. ;-)

Ich gehe gerne morgens bei der ersten Tasse Kaffee die Social Media Portale durch, sehe mir an, was gerade los ist, auch meine Nachrichten-App wird durchstöbert und dann kommt mein Handy zur Seite, um nicht vom Schreiben ablenken zu werden!

7.3. Der Weg zum Interview-Profi...

Buch-Zeitschriften wie „Lesezeichen" zum Beispiel drucken sehr gerne Interviews von Autoren ab. In diesen Magazinen zu erscheinen ist natürlich eine super Sache, um noch mehr potentielle Leser auf Deinen Roman aufmerksam zu machen.

Bei „Germany's next Topmodel" gibt es eine Woche, in der die mediale Welt in den Vordergrund gerückt wird. Ein Topmodel heutzutage muss mehr können, als nur hübsch auszusehen und geradeaus laufen zu können.

Sie müssen ihr **Image aufbauen, Personality zeigen, eine Vision haben**. Außerdem gelten sie häufig als Influencerin, beeinflusst ganze Generationen mit ihren Posts in den verschiedenen Social Media Portalen und kann sich so geschickt als **Brand** (Marke) aufbauen.

In dieser Woche müssen sie auch ein Fernseh-Interview machen, mit einem echten Redakteur, der kein Interesse daran hat, die Mädels gut in Szene zu setzen. Der möchte lieber schauen, wie kann ich mit geschickten Fragen einen kleinen Skandal heraus kitzeln.

Jedes Jahr sehe ich wieder, wie die süßen Dinger überhaupt nicht darauf vorbereitet sind und diesem beruflichen Bösewicht auf dem Leim gehen. Dann werden sie direkt in Schubladen gesteckt wie #fake, #nopersonality, #zicke und hinterher wird sich darüber tierisch aufgeregt.

Dabei hätten sie es im Vorfeld vermeiden können, wenn sie sich richtig vorbereitet hätten.

Und daher an dieser Stelle mein Appell:

Sei vorbereitet! Mach Dir bewusst, dass mit steigendem Bekanntheitsgrad auch das Interesse an Dir als Person steigt. Und dann kann es durchaus vorkommen, dass jemand danach fragt, ob er mit Dir ein Interview machen könnte.

Und es ist dann sehr peinlich, wenn Du keine passenden kreativen Antworten auf die Fragen der Journalisten parat hast. (siehe Bridget Jones) ;-)

Im Internet gibt es jede Menge Möglichkeiten, Fragebögen herunterzuladen. Die kannst Du zu Hause in Ruhe ausfüllen und vielleicht immer wieder optimieren.

Du musst sie nicht auswendig lernen, denn das käme zu gestellt rüber, aber es ist gut, die Fragen zu kennen und eine grobe Richtung zu haben, was Du darauf antworten würdest.

8. Schütze Dich vor Kritik!

8.1. Unterscheide Konstruktive von nutzloser Kritik!

Wenn Du Menschen davon erzählst, dass Du ein Buch schreiben willst, **musst Du damit rechnen, auf diese Information eine Reaktion zu erhalten.**

Es kann sein, dass Leute in Deinem direkten Umfeld positiv darauf reagieren und Dir Unterstützung und Zuspruch zusagen. Damit rechnen würde ich aber nicht. Du darfst nicht unterschätzen, wie verlockend es ist, seinen Senf dazu zu geben.

Nur selten ist das ein hochwertiger Dijon-Feigen-Senf aus Frankreich, bei dem hundert Gramm 5,90€ kosten, sondern wenn es gut läuft die günstigste Sorte von Aldi. **Mit dieser Art von Kommentaren umzugehen, ist nicht immer leicht.** Zu gerne gehen wir in den Rechtfertigungsmodus und merken dabei gar nicht, wie wir uns damit nur noch angreifbarer machen.

Auch Dein fertiger Roman wird nicht jedem gefallen – darauf

kann ich Dir hier und jetzt bereits schriftlich geben. Die Frage ist dementsprechend, **ob Du es schaffen kannst, Dir ein dickes Fell zuzulegen.** Am Besten so einen Mantel, wie John Schnee ihn bei Game of Thrones auf der Mauer getragen hat. Das könnte das Schlimmste einigermaßen abhalten.

Ich persönlich finde es ganz furchtbar, wenn ich jemanden einen Text zu lesen gebe, danach frage, wie derjenige es fand und als Antwort „Gut!" bekomme.
Dann krieg ich instant Plack und könnte der Person direkt eine verpassen, ohne Vorwarnung, direkt mir der Faust ins Gesicht. **Mache ich dann natürlich nicht!** Aber so wird das Gefühl deutlich, wenn Du eigentlich konstruktive Kritik erwartest und Du einfach gar nichts erhältst.

Solange Du voll und ganz hinter Deiner Geschichte stehst, kann es Dir aber völlig egal sein, was die anderen sagen. Es ist Dein Buch und das sollte genau so sein, wie Du Dir das vorgestellt hast.
Die anderen sollen es erst einmal besser machen und dann können sie gerne nochmal ankommen. :-)

8.2. Deine Entscheidungen sind Deine Entscheidungen!

Menschen mischen sich gerne ein. Wir sind von Natur aus neugierig und sind schnell dabei, Ratschläge zu verteilen, meistens ungefragt und maximal mit gefährlichen Halbwissen zum eigentlichen Thema.

Für einen Autor, der noch in den Startlöchern steht und der noch nicht sicher in seinem Handwerk steht, ist das pures Gift. Wer „Kill Bill 2.0" gesehen hat, kennt die Wirkungsweise der Schwarzen Mamba. Eine gigantische Ladung ihres Gifts in Deinem Gesicht lähmt und tötet Dich in weniger als 20 Minuten. Das ist auch ungefähr die Dauer, die es benötigt, um dich so sehr zu verunsichern, dass Du nicht mehr weißt, wie und ob Du weitermachen sollst!

Doch, das solltest Du! Egal, was Dir irgendwer versucht, einzureden.

→ Wenn Du meinst, Deine männlichen Hauptfiguren müssten „Manfred, Lem und Bobo" heißen – dann ist das eben so! (#midnight,texas)

→ Wenn Du meinst, Du müsstest einen erotischen Roman schreiben, in dem es um die Fesselfantasien in einer Beziehung geht – dann ist das eben so! (#shadesofgrey)

→ Wenn Du eine Geschichte schreiben willst, die auf einem fernen Planeten stattfindet, auf dem große blaue Wesen leben, die vollständig mit der Natur verbunden sind – dann ist das eben so! (#avatar)

→ Wenn Deine Story davon handelt, dass ein schwuler Drogenjunkie in L.A. versucht, einen Film mit der Orgie eines Hollywoodstars zu verkaufen – dann ist das eben so! (#sickcity)

Und wenn dann jemand ankommt und Dir erzählen will, dass Du das so nicht machen kannst (sofern keine sinnvollen Argumente dabei sind), **dann denke bitte an Folgendes:** der Mittelfinger funktioniert ausgestreckt hervorragend bei solchen Knalltüten. ;-)

Meinungen existieren viele – aber wenn es um Dein Buch geht, solltest Du hinter Deinen Entscheidungen stehen und sie verteidigen, wie die Löwin ihre Jungen!

Der Roman ist Dein Baby und das musst Du beschützen.

8.3. Wie wir Selbstzweifel beseitigen...

Du wirst unter Umständen trotzdem irgendwann an diesen Punkt kommen, wo Du Dich fragst:

→ „Macht das wirklich alles Sinn?"

→ „Ist das gut genug?"

→ „Mach ich das überhaupt richtig?"

→ „Wird das später überhaupt jemand lesen wollen?"

Letztendlich bleiben Dir an diesen Stellen nur zwei Möglichkeiten:

1. Aufgeben und alles hinschmeißen oder

2. Aufhören zu jammern, Arschbacken zusammenkneifen und weitermachen.

Mich würde es natürlich mehr freuen, denn Du die zweite Option benutzt! Denn, auch wenn ich Dich und Deinen Roman noch nicht kenne, möchte ich doch wissen, wie Dein fertiges Buch so ist. ;-)

9. Setze das Überarbeiten in den Fokus!

9.1. Auch in Bestsellern sind Rechtschreibfehler!

Jeder von uns macht Fehler. Und das ist völlig in Ordnung. Gerade auch in unserer digitalen Welt: wie häufig haben wir uns vertippt? Das passiert so schnell und wird auch genauso schnell überlesen.

Denn unser Gehirn ist so gut, dass es beim Lesen solche Ungereimtheiten direkt ausblendet und durch die richtige Variante ersetzt.

Und wer schon mal versucht hat, einen längeren Text mit der Rechtschreibprüfung seines Schreibprogramms zu korrigieren weiß, wie viele Nerven einem das kosten kann. Gefühlt die Hälfte aller Wörter, die ich regelmäßig benutze, hat dieses Tool noch nie gesehen oder gehört.

Vertraue diesen technischen Hilfsmitteln daher nicht ausschließlich! Es kann auch sehr gern vorkommen, dass Dein Wort zu modern und dementsprechend völlig richtig geschrieben ist, es aber trotzdem falsch angezeigt wird.

Ich habe mir auch abgewöhnt, komplett alle Fehler aus

meinen Manuskripten herauszunehmen. Ein paar amüsante Schmankerl lass ich gerne mal drin, weil sich die Leser darüber freuen, wenn sie selbst welche finden. Warum ihnen den Spaß nehmen?

Warum sollen meine Bücher fehlerfrei sein, wenn die von Stephen King, Tom Clancy und Sandra Brown mit Fehlern geradezu gespickt sind?

Und das sind Profi-Autoren, die sich zehn Lektoren pro Buch leisten könnten!

Vielleicht legen die großen Verlage auch keinen Wert mehr aufs gründliche Arbeiten, wer weiß das schon. Solange ich bei Bastei Lübbe, Heyne und dtv (um nur einige zu nennen) noch immer Fehler finde, lasse ich auch gerne ein paar drin. Wir wollen ja dazu gehören, oder nicht? ;-)

Zumindest nimmt es uns den Druck, das perfekte Manuskript erstellen zu wollen. Denn das gibt es sowieso nicht. Aber suche Dir eine Person Deines Vertrauens, die super fit ist in Grammatik und Rechtschreibung und bitte sie um Hilfe bei den Korrekturen. Das muss diese Person nicht umsonst machen – biete ihr einen passenden Deal an, von dem ihr beide etwas habt.

9.2. Bleibe Deinem Schreibstil treu!

Wenn Du Dir unsicher bist, ob Du überhaupt einen eigenen Schreibstil hast, ist das überhaupt nicht schlimm. Denn dieser kristallisiert sich erst mit der Zeit heraus. Es lohnt sich, die verschiedenen Stile der großen Meister anzuschauen.

Was sich nicht lohnt, ist das bewusste Nachahmen dieser Stile, weil das immensen Einfluss auf Deine eigene Schreibe nehmen kann.

Deine potentiellen Leser wollen ja sehen, was **Du** zu erzählen hast und eben auch, wie **Du** ihnen die Geschichte näher bringst.

Ich persönlich mag es, mich einer modernen Schreibe zu bedienen, streue gerne Wörter anderer Sprachen hinein und scheue mich auch nicht davor, junge Umgangssprache zu implizieren. Manchmal mache ich nicht einmal vor Fäkalsprache halt – das bedingt sich dann aber mit dem Zusammenhang.

Es kommt auch sehr darauf an, was und/oder worüber Du schreibst. In welchem Milieu spielt Deine Geschichte, welche

Erziehung haben Deine Figuren genossen? Schreibst Du locker flockig vom Hocker oder hätte Shakespeare von Dir noch was lernen können? Sind bei Dir alle lieb und brav und haben nur gelegentliche Verfehlungen?

Oder ist Dein Protagonist so richtig hart abgefuckt, säuft und hurt sich durch die Gegend und ist der geborene emotionale Flachwichser?

Beim Schreiben gibt es beim Stil kein Richtig oder Falsch – **es ist eher die Auswahl:**

hat Stil – hat keinen Stil. 50/50

Worauf Du aber achten kannst: Lesbarkeit!

Wenn mich beim Lesen etwas richtig nervt, dann sind das Sätze, die ich mehrmals lesen muss, um sie richtig zu verstehen.

Klar kann es auch mal Spaß machen, schön verschachtelte Sätze zu basteln, die über mehrere Zeilen gehen, aber bei längeren Texten sollte das die Ausnahme und nicht die Regel sein!

Es heißt nicht umsonst **„Lesevergnügen"** und nicht „Lesefolter"! ;-)

9.3. Wie Du Diversität zelebrieren kannst...

Ich bin ein großer Befürworter vom soziologischen Prinzip des „Diversity" und finde es wichtig, für Minderheiten zu kämpfen und flechte sie als Autor daher sehr gerne in meine Geschichten mit ein - gebe ihnen sogar nur allzu gerne Hauptrollen,
doch in diesem Fall bezieht sich dieser Begriff einfach nur auf unseren Sprachgebrauch.

Die Vielfalt unserer Wörter ist häufig nicht so groß wie wir denken. Wir neigen dazu, die uns liebsten Phrasen mehr zu benutzen als andere. Dagegen nutzen wir richtig tolle Wort-Konstruktionen nicht, weil sie uns nicht geläufig sind.

In meinem Blog www.toshisworld.blogspot.com habe ich mir (und Dir) Wortlisten angelegt, bin das ganze Alphabet durchgegangen auf der Suche nach wohlklingenden Buchstabenkombinationen, die unseren Wortschatz bereichern können.
Dabei sind auch Fremdwörter wie „Elaboration". Du solltest

wissen, was es bedeutet, um es sinnvoll einsetzen zu können.
Ich habe, bevor ich angefangen habe, dieses Kapitel zu schreiben, extra nochmal das Wort „Diversität" gegoogelt, um Dir nichts Falsches zu erzählen. ;-)

Es gibt auch Wörter, die lösen sofort etwas in Dir aus! Eine ganze Flut an Assoziationen, Bildern und vielleicht sogar Videos, die im Bruchteil einer Sekunde abgerufen werden. Ich nenne hier als Beispiel mal: **„Paradiesvogel"**.

Bei mir passiert Folgendes: Ich sehe einen prächtigen Vogel in einem Paradies aus Blumen, Sträuchern und Bäumen, die in den Himmel ragen. Ich sehe schillernde Farben: gelb, purpur, rot und blau. Ich denke an lange Federn, die im Wind wackeln. Ich höre einen schrillen Singsang, der sich durch den Blätterwald kämpft und irgendwo, weit weg auf der anderen Seite ertönt plötzlich eine Antwort.

Ermögliche Deinem potentiellen Leser genau solche Momente! Sorge dafür, Emotionen auszulösen und zwar die ganze Bandbreite: Liebe, Hass, Wut, Trauer, Freude und Angst.

By the way: Im Internet findest Du viele verschiedene Ansätze, wie sich Gefühle kategorisieren lassen. Meine oben genannten Emotionen sind unter Umständen nicht die komplette Sicht der Dinge. Aber darüber lässt sich ein eigenes Buch schreiben. ;-)

Kommen wir nun zu den **mir manchmal verhassten „Hilfsverben":** haben, sein und werden.

Im Deutschen helfen diese drei kleinen Mitesser uns dabei, bestimmte Tempusformen wie Perfekt, Plusquamperfekt und mittlerweile auch gerne Konjunktiv 2 zu bilden.

Das ist ja schön und gut, aber:

Diese Hilfsverben ersetzen keine Vollverben! **Das haben sie noch nie und das werden sie auch in Zukunft nicht tun!** Nicht, wenn ich es verhindern kann. *Wenn Du glaubst, der folgende Absatz ist okay...*

„Ich war draußen. Das Wetter war gut. Ich hatte meine Jacke dabei, aber der Wind war gar nicht so stark. Hätte ich sie besser zu Hause gelassen, dann hätte ich jetzt beide Hände frei."

... der sollte hier und jetzt das Buch zuklappen und sich erst

einmal damit beschäftigen, wie sich halbwegs sinnvolle Sätze kreieren lassen, ohne den Leser zu Tode zu langweilen!

Drei Mal „war" und drei Mal „hatte" in vier Sätzen. Du wirst lachen, aber solche Abschnitte begegnen mir leider hin und wieder und an meiner strengen Wortwahl hast Du direkt gespürt, dass es alles andere als Freude in mir hervorruft. Es gibt so viele tolle Vollverben, die sich hervorragend konjugieren!
Nutze sie, um Deiner Sprache ein breitgefächertes Spektrum zu geben. Jongliere mit Worten, gestalte Deine Geschichten und Szenen so lebendig wie möglich, bringe den Leser dazu in Deine Welten einzutauchen, sodass er gar nicht mehr zurück möchte in die eigentliche Welt. (#dieunendlichegeschichte)

Und jetzt noch ein ganz schlimmes Thema, bevor es mit Kapitel 10 weitergeht: **das „man-Syndrom"**.
Ich weiß, dass ich in diesem Buch auch ein paar Objekte dieser Buchstaben-Krankheit habe. Es gefällt mir nicht, aber in dem Falle ließen sich die Sätze nur schwerlich anders formulieren. Ein paar kann ich auch verkraften, ein paar davon verursachen keine Schmerzen, nur ein unkontrolliertes Zucken vielleicht. Doch wenn sie sich vermehren und drohen, die Überhand zu

nehmen, dann musst Du einschreiten, bevor es zu spät ist! **Sonst verlierst Du die Kontrolle und schreibst auf einmal ganze Absätze in folgendem Stil:**

„Man kann gar nicht anders, als wegzusehen. Wenn man die Dinge doch anders gestalten könnte! Dann hätte man ganz andere Möglichkeiten! Es gibt Zeiten, in denen man anders agiert hat. Wenn man die richtigen Methoden benutzt, kann man das Ruder noch herumreißen."

Auf den ersten Blick ist alles okay und die Sätze sind richtig und grammatikalisch einwandfrei.

Doch warum muss in jedem Satz das Wort **„man"** sein? **Diese grässliche Pauschalität, die nichts aussagt** – wer ist denn „man"? Und warum überhaupt „man" und nicht Frau oder Divers? Es ist unnötig, sexistisch und bringt Deinen Text so weit von Deinem Leser weg wie nur möglich.

Ich schreib den Text jetzt nochmal und **es liegt an Dir, den Schalter in Deinem Kopf umzulegen:**

„Du brauchst gar nicht wegsehen! Gestalte die Dinge einfach anders! Du hast alle Möglichkeiten der Welt. Es ist unwichtig, wie andere früher agiert haben! Wenn Du die richtigen Methoden benutzt, kannst Du alles schaffen."

Ich hoffe, ich konnte dich überzeugen, diese ärgerlichen drei Buchstaben aus Deinen Texten zu verbannen. **Deine Leser werden es Dir danken. ;-)**

10. Glaube an Dein Ziel!

10.1. Lass Dir von Bewohnern nichts einreden!

Im ersten Moment mag die Überschrift ähnlich klingen, wie das Kapitel 8.2., aber dabei ging es eher um das Einmischen, während Du noch im Schreibprozess bist.

Ich gehe jetzt eher davon aus, dass Du Dein Manuskript beendet hast, Du zwar noch in der Überarbeitsphase steckst, aber es dauert nicht mehr lange, bis Du Dein fertiges Produkt an den Kunden bringen kannst.

An dieser Stelle muss ich kurzweilig Tobias Beck ins Spiel bringen, damit Du verstehst, was ich mit dem Begriff **„Bewohner"** überhaupt meine:

In seinem großartigen Buch **„Unbox your life"** beschreibt er vier Kategorien von Menschen: *Bewohner, Ameisen, Diamanten und Superstars.*

Letzterer sollten wir werden und erstere meiden. Auch Dir

kann ich nur empfehlen, **die sogenannten „Bewohner" aus Deinem Leben zu streichen, so gut es geht.** Diese Menschen ohne Vision, voller banaler Träume, mit einem ganzen Katalog an Wehwehchen und einem Medikamenten-Fachwissen, von dem PTA-Abubis nur träumen können. Deren ganzes Leben ist im Grunde einfach nur kacke und der einzige Grund, warum sie noch leben, ist die Tatsache, dass sie zu faul und/oder zu dumm sind, um sich selbst umzubringen.

Dagegen steigt unser Verlangen, genau dies zu tun, in deren Gesellschaft immens! Und es passiert leider häufig, dass wir erst begreifen, auf einen Bewohner zu treffen, wenn es schon zu spät ist.

Diese Menschen sind hochgradig manipulativ und versuchen Dir mit aller Macht, diese destruktive Denkweisen aufzudrängen. Dabei schrecken sie vor nichts zurück und nutzen alle gegebenen Mittel, um ihr Ziel zu erreichen: Dich auch in einen Bewohner zu verwandeln!

Aber das darf nicht passieren! Ein guter Autor kann kein Bewohner sein, darf einfach nicht zu dieser minderbemittelten Abschaumschicht der menschlichen Gesellschaft gehören.

Es steht Dir natürlich frei, über sie zu schreiben! Je mehr Leute wissen, wie schädlich Bewohner sind, umso besser! ;-)

10.2. Disziplin oder das Tschakka-Prinzip!

Ein Roman schreibt sich nicht über Nacht – auch wenn so mancher das gerne mal behauptet.

Gerade bei größeren Projekten wirst Du auf eine Phase treffen, in denen Du zweifelst, jemals das Ende zu erreichen. Und es ist okay, dieses Gefühl zuzulassen – sofern Du damit umgehen kannst!

Ich kenne jede Menge Menschen und ich selbst falle auch in diese Kategorie, die es lieben, tausend neue Projekte anzufangen, ohne auch nur eins davon fertigzustellen. Diese Eigenschaft lässt sich umgehen:

mit dem **Tschakka-Prinzip!** - „Du schaffst das!" ist eine kleine aber wirksame Affirmation (Bestätigungsformel), die Du Dir jeden Tag aufs Neue vorsagen kannst. Stell dich dabei gerne vor den Spiegel und sprich Dir selbst gut zu. Mach Dir klar, dass Du alles erreichen kannst, wenn Dein Wille stark genug ist. **Es steht und fällt alles mit Deiner inneren Einstellung.**

Es ist hardcore, pro Tag acht Stunden an einem Roman arbeiten zu wollen. Das ist ein Pensum, das fast unmöglich ist zu bewerkstelligen, selbst wenn Du keinen Vollzeit-Job hast! Gebe dich mit weniger zufrieden, finde Dein passendes

Zeitkontingent, in dem Du wirklich effektiv und produktiv sein kannst. Alles andere ist Quälerei und bringt Dein Projekt unter Umständen sogar ins Straucheln, weil Du dem Dir selbst auferlegten Druck auf Dauer gar nicht standhalten kannst.

Meine Empfehlung: maximal vier Stunden am Stück, aber dafür konzentriert und **zu den Uhrzeiten, in denen Du am Besten kreativ werden kannst.**

Auch zeitlich festgelegte Intervalle können Dir helfen, dich seelisch darauf einzustellen und dich im besten Fall auch darauf zu freuen. Auch Dein Körper wird sich dauerhaft an solche feste Zeiten halten und Deinen Fokus aktivieren.

Mit Disziplin und Sorgfalt kannst Du schnell gute Ergebnisse erzielen. Auch Deinem menschlichen Umfeld musst Du erklären, wann sie davon absehen sollen, Dir auf die Nerven zu gehen. Denn wenn Dein Schreibflow erst unterbrochen ist, fällt es Dir schwer, wieder hineinzukommen. Daher ist es sinnvoll, äußere Einflüsse so minimal wie möglich zu halten.

Dein Ziel ist nun schon zum Greifen nahe...

10.3. Wie wir uns dem Ende nähern...

Was Du an dieser Stelle bereits fertig haben kannst:

→ Dein überarbeiteter Buchblock mit allen notwendigen und vielleicht auch nicht notwendigen Elementen

→ Dein Buchumschlag mit einem einschlägigen Klappentext und einem Cover, der förmlich danach schreit, das Buch zu schnappen und direkt loszulesen

→ Du hast dich mit BoD auseinander gesetzt und/oder doch einen anderen Verlag gefunden, der Deine Ansprüche erfüllt

→ Du hast Dir einen Plan gemacht, wie Du die bestmögliche Aufmerksamkeit für Deinen Roman erhältst

Dann leg los! Warte nicht mehr länger und setze Deinen Traum vom eigenen Roman endlich in die Tat um. Das Warten, bis Du das fertige Buch in den Händen hältst, wird dich noch ein paar graue Haare kosten (kann man weg färben), aber ich weiß noch allein die Freude, als ich die Email bekam, dass es bei Amazon gelistet war und ich das auf deren Website einsehen konnte, war unbeschreiblich gut! ;-)

11. Verwirkliche Deinen Traum!

11.1. Jetzt geht's erst richtig los!

Wie fühlt es sich an, die Früchte seiner Ernte in Händen zu halten?

Das ist Dein Roman. Die Geschichte, die Du aufgeschrieben hast, mit Deinen Worten – Deine Sicht der Welt ist dort hinein geflossen und kann jetzt von jedem gelesen werden. Du hast Dir dieses Projekt vorstellt, Deine Arbeit darauf fokussiert, bist dran geblieben und kannst nun mit Stolz sagen, dass Du Dein Ziel erreicht hast.

Und jetzt?

Genieße zuerst dieses Hochgefühl, das jetzt durch Deine Adern fließt. Lass die Freude zu, höre in Dich hinein, wie sich das anfühlt. Was es mit Dir macht. Nimmt es Einfluss auf Dein Selbstwertgefühl? Auf Dein Selbstbewusstsein? Vielleicht sogar auf Deine Einstellung im Leben?

Schlummern in Dir vielleicht noch andere Geschichten, die es wert wären, aufgeschrieben zu werden? Vielleicht hast Du noch irgendwo ein altes Notizbuch, in dem Du Dir frühere Ideen skizziert hast. Falls nicht kann ich nur empfehlen, Dir ein solches anzulegen. Du weißt nie, wann Dir mal etwas Interessantes passiert, woraus sich eine Story stricken ließe! Dann hast Du immer etwas dabei, um diese Beispiele zu sammeln. Natürlich kannst Du dafür auch eine digitale App nehmen. ;-)

By the way: Deine Manuskript-Datei kannst Du mit den Abständen, Kopf- und Fußzeilen hervorragend als Vorlage für zukünftige Buchprojekte benutzen.

Denn ein einheitliches Bild ist auf jeden Fall sinnvoll, damit Deine Leser auch Dein nächstes Buch sofort als Deines erkennen.

Du kannst im Buchladen Deines Vertrauens fragen, ob sie Deinen Debüt-Roman bestellen wollen. Denn gerade am Anfang bist Du auf Unterstützung angewiesen. Nutze hier vor allem gerne die online Medien – es gibt eine ganze Reihe guter Book-Review-Blogger, die sich über neuen Input freuen.

Allein in meinem Blog kann ich gerne einen Beitrag zu Deinem Erstlings-Werk schreiben! ;-)

11.2. Hast Du noch andere Träume?

Jetzt hast Du schon mal einen Traum in die Tat umgesetzt. Wie sieht es mit weiteren aus?

Wir haben daran gearbeitet, wie wir Deine Angst vor solch einem Projekt beseitigen konnten. Mit dem gleichen Ansatz kannst Du weitere Probleme angehen.

Bist Du beruflich dort angekommen, wo Du immer hinwolltest? Wenn nicht, woran liegt es, dass Dein Weg Dich woanders hingeführt hat?

Es ist nie zu spät, die Richtung zu wechseln. Du musst nur bereit sein, die Strecke zu beenden, um Dein Ziel zu erreichen. (#incorporated)

Bist Du in einer festen Partnerschaft oder strebst eine dauerhafte Beziehung an? Auch hierfür ist ein konstantes Durchhaltevermögen vonnöten. (#biglittlelies)

Vielleicht willst Du auch gerne eine optische Veränderung?

Mir sind schon viele Leute begegnet, die seit Jahren den selben Style tragen, sei es bei den Klamotten oder bei der Frisur und ärgern sich über sich selbst. Sie schaffen es nicht, über ihren Angstschatten zu springen und sich einfach mal zu trauen, etwas Neues auszuprobieren.

Es fehlt der Mut, und wie schon im ersten Kapitel spielt auch hier der Ausreden-Katalog eine Rolle. Und natürlich der Gedanke, was die Bewohner darüber sagen könnten. Darüber haben wir aber schon in Kapitel 10.1 gesprochen und lassen uns von diesen Kreaturen gar nichts mehr sagen. ;-)

Vielleicht träumst Du ja auch davon, Dein Fachwissen weiter zu geben? Was kannst Du Leuten beibringen? Falls Du dafür Hilfe brauchst, kannst Du mich gerne mal bei Instagram antickern und dann schauen wir mal, wie wir Deine Ideen bestmöglich umsetzen können.

Letztendlich läuft eben viel über die richtigen Connections! Die Leute, die gemeinsam etwas aufbauen können und wollen, sind Gold wert und es ist nicht immer einfach, sie in unserer Welt zu finden.

Von daher würde ich mich freuen, wenn wir in Kontakt kommen und dann gemeinsam schauen können, wie wir Deine Ziele in real life umsetzen können. ;-)

11.3. Wie geil es ist, ein Buch geschrieben zu haben...

Jetzt bin ich selbst schon ziemlich am Ende dieses Buches. Mein erstes Sachbuch und gleichzeitig ein Ratgeber, der das kreative Schreiben meiner Mitmenschen auf das nächste Level heben kann.

Im Hintergrund rappt Cardi B über all die Leute, die nicht an sie geglaubt haben. Diese Stimmung kann ich gut nachvollziehen und dann kribbeln meine Mittelfinger mal wieder. ;-)

Von einer Stripperin zum Superstar – solche Geschichten mögen wir doch alle gern. Der Traum, eines Tages mehr aus seinem Leben zu machen, treibt uns an. Sollte uns antreiben, denn wir haben nur dieses eine Leben zur Verfügung.

Verbasele Deine Zeit auf Erden nicht damit, „Und täglich grüßt das Murmeltier" zu spielen, sondern nutze Deine Zeit, um nachhaltig etwas zu hinterlassen, an das es sich zu erinnern lohnt.

Vielleicht gibt es in der näheren Zukunft noch weitere Bücher dieser Art von mir. Die Arbeit hieran hat mir Spaß gemacht und es ist schön zu wissen, dass ich dich mit meinem Wissen inspirieren konnte. ;-)

12. Genieße Deinen Erfolg!

Ich bin stolz auf dich. Allein schon, weil Du bis zum Ende dieses Buches durchgehalten hast. Denn das bedeutet, dass Du ein Buch gelesen hast und das allein ist schon mal super (ich ignoriere an dieser Stelle all diejenigen, die stumpf bis zum Ende geblättert haben)!

Ich hoffe, ich konnte Dir dabei helfen, Deinem Traum vom Buchschreiben ein ganzes Stück näher gekommen zu sein. Vielleicht konntest Du für Dich selbst ein paar gedankliche Knoten lösen, die Deinen Alltag jetzt nicht mehr belasten. Der Erfolg, einen Roman geschrieben zu haben, kann und soll sich weiter ausbreiten.

Denn erfolgreiche Menschen wirken auf andere sexy, auch wenn das nicht unbedingt jeder zugeben würde.

Und damit ende ich mit einem meiner Lieblings-Mantras:
„Das Leben muss sexy bleiben!

Danksagung

Tatsächlich sollte ich wohl zuerst dem Corona-Virus danken, der unsere Welt auf den Kopf gestellt und uns aufgezeigt hat, dass wir unsere Welt nicht für selbstverständlich nehmen dürfen.

Ohne diese berufliche Auszeit hätte ich vielleicht nicht an dem „Heldenmacher"-Workshop teilgenommen, in dem Ricardo Biron mit beigebracht hat, meine Heldenziele zu verwirklichen.

Wem ich auch unbedingt danken muss, ist Tobias Beck. Sein Konzept des bewohnerfreien Lebens hat meine Sicht auf die Gesellschaft verändert. Ich gehe jetzt bewusster durchs Leben, wenn auch die meiste Zeit als eine Mischung aus Diamant und Eule. ;-)

Ich danke Anna-Sabina und Jenny für die vielen Kilometer, die wir in der Isolationszeit gelaufen sind. In der wir neue Ideen erarbeitet haben. Die meinem Blödsinn wertfrei lauschen und bei denen ich das Gefühl habe, dass ich sie inspirieren kann.

Ich danke meiner Family, die auch in dieser schweren Zeit nicht verzagt hat und weiterhin ihren Humor behalten hat.

Und natürlich auch Dir, dem Leser, für Deine Aufmerksamkeit und für den Willen, ein tolles Buch zu schreiben. Viel Erfolg!

Bisher über www.bod.de erschienen:

→ **Männergeschichten:** Kurzgeschichten voller Testosteron

ISBN: 978-3-741265-37-2

→ **Im Bann der Engel** (Coming-of-Age-Roman)

ISBN: 978-3-741252-82-2

→ **Im Innern meiner Seele: Ein Liederbuch**

ISBN: 978-3-741276-98-9

→ **Anonym: Ein Ostfriesland-Krimi** (der Start der Masbaum-Trilogie)

ISBN: 978-3-741279-33-1

→ **Männergeschichten 2: Noch mehr Kurzgeschichten voller Testosteron**

ISBN: 978-3-743127-06-7

→ **Männergeschichten 3: Noch mehr Kurzgeschichten mit und ohne Testosteron**

ISBN: 978-3-748166-13-9

→ teilweise (Band 1) - Kurzgeschichten
ISBN: 978-3-748183-32-7

weitere Informationen finden Sie unter

www.toshisworld.blogspot.com

und im Podcast „ToshisWorld"

über Anchor, Spotify & Apple Podcast.

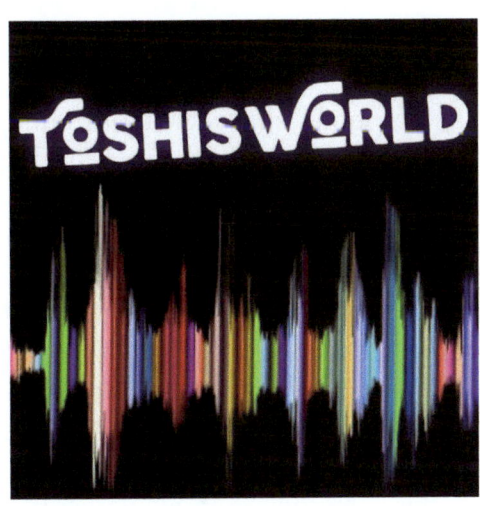

Torsten Ideus, 40 Jahre alt, hat bereits einige berufliche Richtungen ausprobiert. Er hat die „Große Schule des Schreibens" besucht. Als gelernter Koch arbeitet er mittlerweile lieber im Service und lebt an der Nordseeküste, wo andere Urlaub machen.

Sein Blog „Toshis World" läuft seit März 2015. Hier gibt der Autor Tipps zum Kreativen Schreiben, bespricht Musikkritiken und schreibt über seinen Alltag als offen schwul lebender Schriftsteller, seit 2020 gibt es auch einen dazugehörigen Podcast.

Als Gründer der „Norder Schreibwerkstatt" fördert er Neulinge im Schreibprozess und lädt diese als Gäste zu seinen Lesungen ein.

Sein erstes Buch „Liebes Tagebuch... Ein Potpourri der Gefühle" erschien per Selfpublishing im August 2015.